초기불교입문

초기불교입문

초기불교, 그 핵심을 담다

초판1쇄 발행일 | 2017년 10월 30일
초판5쇄 발행일 | 2024년 5월 14일

지은이 | 각묵 스님

펴낸이 | 대림 스님
본문디자인 | 끄레도

펴낸곳 | **초기불전연구원**
등록 | 제13-790호(2002.10.9)
주소 | 경남 김해시 관동로 27번길 5-79
전화 | (055) 321-8579
홈페이지 | http://tipitaka.or.kr
　　　　　 http://cafe.daum.net/chobul
이 메 일 | chobulwon@gmail.com
계좌번호 | 국민은행 604801-04-141966 차명희
　　　　　 하나은행 205-890015-90404(구.외환147-22-00676-4) 차명희
　　　　　 농협 053-12-113756 차명희
　　　　　 우체국 010579-02-062911 차명희

값 13,000원
ISBN 978-89-91743-36-6　03220

초기불교입문

초기불교, 그 핵심을 담다

■ 책머리에

빠알리 삼장의 한글 완역이라는 원을 세우고 인도로 유학을 떠났던 게 벌써 26년 전이다. 10년 넘게 빠알리어와 산스끄리뜨어를 공부하고 돌아와 2002년에 대림스님과 함께 초기불전연구원을 설립하였다. 대림 스님과 본격적으로 역경불사에 임한지 10년만인 지난 2012년에는 4부 니까야를 19권으로 완역하였다.

초기불전을 한글로 옮기면서 니까야에 토대를 둔 초기불교 교학과 수행에 대한 해설서를 만들어 보리라는 생각을 갖게 되었다. 이러한 바람은 『상윳따 니까야』를 전6권으로 번역 출간하면서 구체화되었고, 2010년 8월에 『초기불교이해』를 출간하면서 결실을 맺게 되었다. 하지만 『초기불교이해』는 본격적인 해설서이고 내용도 방대하기 때문에 처음 불교를 접하는 분들에게는 조금 어려울 수밖에 없다.

이번에 출간하는 『초기불교입문』은 누구나 쉽게 접근할 수 있는 초기불교의 입문서, 혹은 길잡이가 필요하다는 여러분들의 요청에 따른 것이다. 이 책의 내용은 2010년에 불교신문에 50회에 걸쳐 기고한 글을 새로이 정리하고 보완한 것이다. 초기불교를 처음 접하는 분들도 쉽게 이해할 수 있도록 초기불교의 핵심교학을 가능한한 간략하고 체계적으로 정리해 보았다.

　본서의 초판은 2014년 9월에 이솔 출판사에서 출간이 되었다. 이 책을 좋은 책으로 만들기 위해 기획에서부터, 윤문, 편집에 이르기까지 정성을 다해 주신 이솔출판의 편집위원들에게 감사드린다. 또한 원고를 교정봐 주신 초기불전연구원 윤문팀의 도산, 케마와띠, 수완나 법우님께도 감사드린다. 끝으로 초기불전연구원의 원장이신 대림 스님이 건강하셔서 빠알리 삼장 완역불사를 무사히 회향할 수 있기를 발원한다.

　이 책을 읽는 모든 분들이 금생에 해탈·열반의 튼튼한 토대를 만드시기를 기원한다.

2017년 7월 15일 실상사에서
각묵 삼가 씀

■ 차례

초기불교의 개요

제1장 초기불교란 무엇인가

초기불교의 교학

제2장 나는 무엇인가

제5장 연기란 무엇인가

초기불교의 수행

제6장 37보리분법

■ 일러두기

1. 삼장과 주석서는 별다른 언급이 없는 한 모두 PTS본(Ee)이고, 『청정도론』은 HOS 본이다.

   예를 들어 S12:15는 『상윳따 니까야』 제12상윳따의 15번째 경을 뜻하고, DA.i.104는 『디가 니까야 주석서』 제1권 104쪽을 뜻한다. 『디가 니까야 복주서』를 제외한 복주서는 미얀마 6차결집본(Be)이다.

2. 빠알리어는 정체로, 영어는 이탤릭체로 표기하였다.

3. ( )는 출처 표기이고, 〔 〕는 보완 설명이다.

A.   Aṅguttara Nikāya 앙굿따라 니까야 增支部

AA.   Aṅguttara Nikāya Aṭṭhakathā = Manorathapūraṇī 앙굿따라 니까야 주석서

CBETA   CBETA Chinese Electronic Tripitaka Collection: CD-ROM

D.   Dīgha Nikāya 디가 니까야 長部

DA.   Dīgha Nikāya Aṭṭhakathā = Sumaṅgalavilāsinī 디가 니까야 주석서

Dhp.   Dhammapada 담마빠다 法句經

Dhs.   Dhammasaṅgaṇi 담마상가니 法集論

DhsA.   Dhammasaṅgaṇi Aṭṭhakathā = Aṭṭhasālinī 담마상가니 주석서

ItA.   Itivuttaka Aṭṭhakathā 이띠웃따까 주석서

M.   Majjhima Nikāya 맛지마 니까야 中部

MA.   Majjhima Nikāya Aṭṭhakathā 맛지마 니까야 주석서

MAṬ.   Majjhima Nikāya Aṭṭhakathā Ṭīkā 맛지마 니까야 복주서

PED   *Pāli-English Dictionary* (PTS)

Pm.   Paramatthamañjūsā = Visuddhimagga Mahāṭīkā 위숫디막가 복주서

Ps.   Paṭisambhidāmagga 빠띠삼비다막가 無碍解道

PsA.   Paṭisambhidāmagga Aṭṭhakathā 빠띠삼비다막가 주석서

PTS   *Pāli Text Society*

S.	Samyutta Nikāya 상윳따 니까야 相應部
SA.	Samyutta Nikāya Aṭṭhakathā = Sāratthappakāsinī 상윳따 니까야 주석서
Sk.	Sanskrit
Sn.	Suttanipāta 숫따니빠따 經集
ThagA.	Theragāthā Aṭṭhakathā 테라가타 주석서
Ud.	Udāna 우다나 感興語
UdA.	Udāna Aṭṭhakathā 우다나 주석서
Vbh.	Vibhaṅga 위방가 分析論
Vin.	Vinaya Piṭaka 위나야 삐따까 律藏
Vis.	Visuddhimagga 위숫디막가 清淨道論

초기불교의 개요

제1장 초기불교란 무엇인가

원시불교인가 근본불교인가 초기불교인가

불교는 부처님의 가르침이다. 그러면 부처님은 누구인가? 부처님은 역사적으로 실존하셨던 석가모니 부처님이다. 19세기 말 서구 학자들 사이에서는 부처님이 과연 실존하셨던 분이었는지에 대해 의견이 분분했다. 그러나 1905년경에 부처님의 탄생지로 알려진 룸비니에서 아소까 대왕의 석주가 발견되고 여기에 적힌 문장을 읽게 되면서 이런 논란은 사라져 버렸다. 석주에는 아소카 문자 93자로 된 다섯 줄의 명문銘文이 새겨져 있었는데 그중에 다음과 같은 구절이 있었다.

Hida Budhe jāte Sākyamuni
석가족의 성자, 부처님, 여기서 탄생하셨다.

BC 3세기에 아소카 석주에 새겨진 이 문장이야말로 부처님이 실존 인물이었음을 밝혀 주는 가장 명백한 사료가 될 뿐만 아니라 역사의식이나 역사에 관계된 자료가 희박한 인도에서 역사적 판단을 하는 기본적인 자료가 된다.

불교 2,600년사의 흐름은 이처럼 역사적으로 실존하셨던 석가모니 부처님, 즉 고따마 싯닷타 그분으로부터 출발한다. 후대의 모든 불교는 그분이 깨달으시고 45년간 설법하셨던 그 가르침을 뿌리로 해서 전개된다.

세계의 불교학자들은 불교 2,600년의 흐름을 초기불교－아비담마〔아비달마〕－반야중관－유식〔유가행〕－여래장－정토－밀교－선불교의 여덟 가지 큰 흐름으로 나눈다. 이를 큰 나무에 비유하면 초기불교는 불교라는 나무의 뿌리가 되고 아비담마〔아비달마〕는 그것의 밑줄기에 해당하고, 반야중관, 유식〔유가행〕, 여래장, 정토, 밀교, 선불교는 각각 가지나 잎이나 열매에 해당된다고 할 수 있다.

이처럼 초기불교는 불교의 뿌리이다. 뿌리를 거부하고 나무가 살아남을 수 없듯이 부처님의 원음을 거부하고는 후대의 어떤 불교도 생존할 수 없다. 이것이 역사를 아는 이 시대 불교의 운명이기도 하다.

그렇다면 무엇이 초기불교인가? 초기불교는 부처님과 그의 직계 제자들의 가르침을 말한다. 부처님께서 입멸하신 후 부처님 가르침 가운데 율vinaya 律은 우빨리Upāli 존자가 읊어서 율장Vinaya-piṭaka 律藏으로 결집되었고, 법dhamma 法은 아난다Ānanda 존자가 외워서 경장Sutta-piṭaka 經藏으로 결집되었다.

현존하는 이 빠알리 삼장Ti-Piṭaka 三藏, 즉 다섯 권의 율장과 5부 니까야Nikāya로 구성된 경장과 일곱 권의 논장에 전승되어 오는 모든 가르침이 초기불교이다. 역사적으로는 남방 상좌부에 전승되어 오는 니까야Nikāya와 북방에서 한역되어 전승되어 오는 아함Āgama 阿含이 초기불교의 분명한 전거典據가 된다.

이처럼 부처님의 가르침을 고스란히 담고 있는 초기불교의 중요성은 재삼 말할 필요가 없다. 그래서 마스타니 후미오 박사 같은 근세 일본의 불교학자들은 일본에 불교가 두 번 전래되었다고 강조한다. 한 번은 중국과 한국을 통한 한문불교의 전래였고, 또 한 번은 근세에 빠알리어와 산스끄리뜨어를 통한 초기불교의 전래라고 그들은 말한다. 이처럼 그들에게 빠알리 삼장에 담겨 있는 초기불교는 충격이었다. 이렇게 중요한 불교를 부르는 술어가 세 가지 있으니 그것은 원시불교, 근본불교, 초기불교이다.

한문불교와 대승불교의 우월성에 물들어 있던 일부 일본의 학자들은 초기불교를 애써 원시불교라고 불렀다. 영어로는 *Primitive Buddhism*이 된다. 제대로 체계를 갖추지 못한 원시의 모습, 미개 상태의 불교라는 뜻이 은연중에 함축되어 있는 표현이다.

한편 부처님의 원음이야말로 모든 불교의 근본이라는 것을 강조하는 학자나 불자들은 초기불교를 근본불교라고 부른다. 영어로는 *Fundamental Buddhism*으로 표기한다. 초기불교야말로 불교의 근본이요, 기본이요, 필수요, 가장 주요한 것이라는 의미이다.

이와 다르게 초기에 부처님께서 설하신 가르침이라는 의미를 담고 있는 술어가 초기불교이다. 영어로는 *Early Buddhism*이다. 초기불교라는 술어에는 원시불교라는 표현처럼 비하적인 의미도 없고 근본불교라는

표현처럼 교조적인 의미도 없다. 그래서 초기불전연구원에서는 초기불
교라는 술어를 채택하여 부처님의 원음을 말할 때 항상 이 표현을 사용
한다. 또한 이것이 세계적인 추세이기도 하다.

> **"** 역사적으로 실존하셨던 석가모니 부처님께서
>   직접 설하신 가르침을 고스란히 담고 있는 초기불교는
>   부처님의 원음이요, 불교의 뿌리이다.**"**

왜 초기불교인가

초기불전인 빠알리 삼장三藏의 완역을 발원하고 번역불사를 진행하다 보니 '왜 하필이면 초기불교인가?'라는 질문을 많이 받는다. 이에 대해 다음의 여덟 가지로 정리해서 대답할 수 있다.

첫째, 부처님의 원음을 그대로 기록한 초기불교는 불교의 시작점이다. 모든 나무에 뿌리가 있듯이 불교 2,600년의 전개에도 뿌리가 있는데 그것이 초기불교이다. 뿌리를 거부하고 나무가 살아남을 수 없듯이 뿌리를 모르는 불교는 역사를 아는 이 시대의 외면을 받게 될 것이다.

둘째, 초기불교는 불교 만대의 기준이요, 표준이며, 잣대이다. 무엇이 불교이고 무엇이 불교가 아니냐는 판단을 위해서는 기준이 있어야 하고 그기준은 초기불교가 될 수밖에 없다. 초기불교의 핵심은 무상無常·고苦·무아無我·열반涅槃이다. 무상·고·무아는 초기불전 도처에서 삼특상 tilakkhana 三特相으로 강조되고 있으며, 열반은 초기불교가 제시하는 궁극적 행복이다.

셋째, 초기불교의 가르침은 합리성과 체계성에 바탕을 두고 있으며 매우 분석적이다. 이는 수학을 토대로 하여 전개되는 과학이라는 현대의 방법론과 일맥상통한다. 온蘊·처處·계界·근根·제諦·연緣과 37보리분법菩提分法으로 잘 조직되어 있는 초기불교의 교학과 수행체계는 '나'와 '세상'에 대한 과학적 접근 방법이다. 그래서 서구 불자들은 불교를 과학이라고 역설한다.

넷째, 초기불전의 매개 언어인 빠알리어를 비롯한 범어는 격변화와 동사곡용을 기본으로 하며, 이는 우리말과 비슷한 언어체계이다. 그러므로 비슷한 언어체계를 가진 한국 사람들로서는 경전을 곡해하거나 왜곡하거나 잘못 이해할 소지가 현저히 줄어든다.

다섯째, 초기불전에 대한 해석을 담고 있는 주석서들이 남아 있다. 이 주석서는 사리뿟따 존자 등 부처님의 직계 제자들로부터 비롯된 것이다. 이와 같은 주석서들 덕분에 초기불교는 불교에 대한 자의적 해석이나 불교교리에 대한 왜곡의 위험성에서 벗어날 수 있다.

여섯째, 불교는 인도에서 시작되었고 부처님께서는 빠알리어, 혹은 이에 가장 근접한 언어로 가르침을 설하셨다. 대승불교 역시 산스끄리뜨어로 기록되어 전승되어 왔다. 그러므로 불교를 정확하게 이해하고 실천하기 위해서는 결국 원전原典을 중시할 수밖에 없을 것이며, 한문으로 번역되거나 만들어진 삼장은 결국 2차 자료가 될 수밖에 없다.

일곱째, 초기불교의 이해를 통해 진정한 자주불교를 구현할 수 있다. 부처님의 원음을 알게 됨으로써 중국불교를 비판적인 시각에서 객관적으로 바라볼 수 있으며, 이를 통해 원효元曉 스님 등이 추구했던 자주불교의 이상을 오늘에 구현할 수 있다. 초기불교야말로 자주불교를 구현하는 최상의 방법론이다.

여덟째, 초기불교는 교세가 위축되고 있는 오늘날의 한국불교가 딛고 일어서야 할 발판이요, 출발점이다. 초기불교는 뿌리이기에 가지인 대승불교를 결코 거부하지 않는다. 초기불교라는 뿌리를 통해서 자양분을 흠뻑 빨아들일 때 진정한 대승불교, 올바른 한국불교가 무럭무럭 자랄 수 있을 것이다.

> " 부처님의 원음을 그대로 기록한 초기불교는
>   불교의 시작점이다.
>   모든 나무에 뿌리가 있듯이
>   불교 2,600년의 전개에도 뿌리가 있는데
>   그것이 초기불교이다. "

초기불교의 목적은 행복의 실현이다

인간은 행복을 추구한다. 경제행위, 정치행위, 문화행위, 철학행위, 의술행위, 종교행위 등 인간의 모든 행위는 행복을 추구하기 위한 것이다. 이러한 행복이야말로 초기불교가 추구하는 근본목적이다. 부처님께서는 초기불전에서 행복을 금생의 행복, 내생의 행복, 궁극적 행복으로 말씀하셨다.

인간은 자기에게 맞는 전문기술을 익혀 그것으로 세상에 기여하고 급여를 받거나 이윤을 창출하여 행복하게 살고자 한다. 바른 인성을 계발하기 위해서는 도덕적으로 건전하고 이웃에 봉사하는 삶을 살아야 한다. 부처님께서는 이를 각각 지계sīla 持戒와 보시dāna 布施로 강조하셨다. 이처럼 자기에게 맞는 기술을 익히고 도덕적으로 건전하고 봉사하는 삶을 통해서 금생의 행복을 얻게 된다.

인간의 종교행위는 기본적으로 내생의 행복을 위한 것이라고 할 수 있다. 부처님께서는 인간이나 천상에 태어나는 방법으로 보시와 지계

를 말씀하셨다. 보시와 지계는 시계생천施戒生天으로 한역되어 우리에게
도 익숙하다. 보시와 지계는 대승 육바라밀의 첫째 바라밀과 둘째 바라
밀이기도 하다. 부처님께서는 특히 재가자들에게 이 두 가지를 강조하셨
다. 이웃에 봉사하고 승가에 보시하며 도덕적으로 건전한 삶을 살면 내
생에는 천상에 태어나게 된다는 말씀이다.

부처님께서 말씀하신 세 번째 행복은 궁극적 행복parama-sukha 至福이
며, 이것은 바로 열반nibbāna 涅槃을 뜻한다. 열반은 수행, 즉 37보리분
법으로 정리되고 팔정도로 귀결되는 도닦음paṭipadā을 통해서 얻는다.
불교가 궁극적으로 추구하는 깨달음, 해탈, 열반, 성불은 세상의 어떤
가치체계나 신념체계에서도 찾아볼 수 없는 불교만이 제시하는 고귀한
가르침이다. 스님들은 바로 이러한 궁극적 행복을 위해서 출가하여 수
행한다. 불자들은 보시와 지계를 통해 금생에도 행복하고 내생에도 행
복하며, 이를 토대로 통찰지를 증장하고 계발하여 해탈·열반의 궁극적
행복을 실현하려 한다. 이처럼 열반을 실현하는 것이야말로 으뜸가는
행복이다.

중국의 큰스님들은 불교의 목적을 이고득락離苦得樂, 즉 괴로움을 여
의고 행복을 얻는 것이라고 함축해서 표현하였다. 행복은 이상향을 저
밖에 설정해 놓고 그것을 무작정 추구한다고 해서 얻어지는 것이 아니
다. 행복은 오히려 괴로움을 여읠 때 바로 지금 여기에서 실현되는 것
이다.

이러한 괴로움과 행복의 문제는 불교 만대의 진리인 네 가지 성스러
운 진리四聖諦의 양대 축이기도 하다. 그것은 바로 첫 번째 진리인 괴로움

의 성스러운 진리^{苦聖諦}와 세 번째 진리인 괴로움의 소멸의 성스러운 진리^{滅聖諦}이다.

그러면 어떻게 괴로움을 여의고 행복을 얻는가? 당연히 괴로움의 원인을 제거해야 한다. 괴로움의 원인은 갈애tanhā 渴愛로 대표되며, 이 원인을 없앨 때 괴로움은 극복될 수 있다. 이러한 갈애의 소멸은 성스러운 팔정도八正道로 집약되는 수행을 통해서 성취된다. 이렇게 해서 갈애는 두 번째 진리인 괴로움의 일어남의 성스러운 진리集聖諦가 되고, 수행은 네 번째 진리인 괴로움의 소멸로 인도하는 도닦음의 성스러운 진리道聖諦가 된다. 이처럼 불교의 목적인 이고득락은 불교의 진리인 사성제로 멋지게 정리된다.

초기불전의 여러 곳에서 부처님의 말씀은 붓다사사나Buddha-sāsana나 삿투사사나satthu-sāsana라고 불린다. 이것은 '부처님의 명령'과 '스승의 명령'으로 직역할 수 있다. 금생의 행복과 내생의 행복과 궁극적 행복의 실현이야말로 부처님의 명령이다. 그러나 아무리 존귀한 명령일지라도 그 명령을 정확하게 이해하고 파악하지 못하면 결코 그것을 완수할 수 없다.

우리는 금생과 내생의 행복을 위해서 철저하게 이웃에 봉사하고 도덕적인 삶을 살아야 한다. 이것이 초기불전에 나타나는 부처님의 명령이요, 이것이야말로 진정한 대승大乘이기도 하다. 궁극적 행복을 위해서는 사성제와 열반에 대한 확신을 가져야 한다. 이것도 부처님의 지엄하신 명령이다. 애매모호한 명령이란 없듯이 애매모호한 불교란 애초에 없다. 우리 스스로의 무지가 스승의 명령을 애매모호하게 만들 뿐이다.

" 불교는 행복을 추구한다.

부처님께서는 금생의 행복, 내생의 행복,

그리고 궁극적인 행복의 실현을 말씀하셨다.

보시와 지계는 금생의 행복과 내생의 행복을 얻는 수단이며,

수행은 궁극적 행복을 얻는 방법이다. "

초기불교의 기본 가르침

초기불교는 열반이라는 궁극적 행복의 실현을 근본목적으로 한다. 그래서 『숫따니빠따Sutta-nipāta』(Sn.267)는 "열반을 실현하는 것nibbāna-sacchikiriyā이야말로 으뜸가는 행복"이라고 결론짓는다. 열반의 실현은 부처님의 지엄한 명령이기도 하다.

그러면 열반은 어떻게 해서 실현되는가? 열반은 당연히 수행paṭi-padā, bhāvanā 修行을 통해서 실현된다. 초기불교에서는 수행을 팔정도를 근간으로 하는 37가지 깨달음의 편에 있는 법들, 즉 37보리분법으로 정리한다.

그렇다면 무조건 37보리분법만 닦으면 열반을 실현하게 되는가? 37보리분법을 제대로 닦으려면 나와 세상에 대한 정확한 이해가 바탕이 되어야 한다. 나와 세상과 진리, 그리고 괴로움의 발생구조와 소멸구조에 대한 바른 이해를 가르치는 부처님의 말씀을 우리는 교학pariyatti 敎學이라고 부른다. 그러므로 열반의 실현을 위해서는 불교의 교학과 수행,

즉 이론과 실천을 갖추어야 한다. 교학과 수행이 없이도 열반이 문득 실현된다고 한다면 그것은 사행심의 논리요, 로또 복권의 논리일 뿐이다.

　인류가 가지는 세 가지 근본적인 의문이 있다. 첫째는 나는 무엇인가, 둘째는 세상이란 무엇인가, 셋째는 진리란 무엇인가이다. 신들과 인간들의 스승이신 부처님께서도 당연히 이 문제에 대해서 말씀하셨고 그것도 아주 강조해서 말씀하셨다. 부처님께서는 '나는 무엇인가'라는 가장 중요한 질문에 대해서는 오온pañca-kkhandha 五蘊이라고 명쾌하게 말씀하셨다. 나라는 존재는 물질rūpa 色, 느낌vedanā 受, 인식saññā 想, 심리현상들saṅkhārā 行, 알음알이viññāṇa 識의 다섯 가지 무더기蘊의 적집일 뿐이라는 것이다. '세상이란 무엇인가'에 대해서는 눈·귀·코·혀·몸·마노와 형색·소리·냄새·맛·감촉·법의 12처āyatana 處와 여기에다 여섯 가지 알음알이를 더한 18계dhātu 界로 말씀하셨다. 그래서 온·처·계는 모든 불교의 기본 교학이 되고 있다.

　나와 세상은 그냥 존재하지 않는다. 조물주니 절대자니 신이니 하는 어떤 힘센 존재가 만들어 낸 것은 더군다나 아니다. 나와 세상은 조건발생緣起이요, 여러 조건緣들이 얽히고설켜서 많은 괴로움을 일으키는起 것이다. 부처님께서는 나와 세상에서 진행되는 괴로움의 발생구조와 소멸구조를 12연기paṭicca-samuppāda 緣起로 정리하셨다. 그리고 나와 세상과 여기에 존재하는 이러한 괴로움苦과 괴로움의 발생구조集와 소멸구조滅와 소멸방법道에 대한 연기적 통찰을 진리諦라는 이름으로 체계화하셨는데 그것이 네 가지 성스러운 진리, 즉 사성제cattari ariya-saccāni 四聖諦이다.

나와 세상과 진리에 대한 이러한 이해를 바탕으로 네 가지 마음챙김의 확립四念處, 네 가지 바른 노력四正勤, 네 가지 성취수단四如意足, 다섯 가지 기능五根, 다섯 가지 힘五力, 일곱 가지 깨달음의 구성요소七覺支, 여덟 가지 구성요소를 가진 성스러운 도八支聖道로 이루어진 37가지 깨달음의 편에 있는 법들菩提分法을 수행할 때 열반은 실현된다.

이처럼 초기불교의 교학과 수행은 온·처·계·근·제·연과 37보리분법으로 정리된다. 37보리분법은 『상윳따 니까야』 제5권의 근본주제이며, 상좌부 불교의 근간이 되며 주석서 문헌들의 중심에 놓여 있는 『청정도론』은 무더기蘊, 감각장소處, 요소界, 기능根, 진리諦, 연기緣의 가르침이 통찰지의 토양이라고 설명하고 있다(Vis.XIV.32). 한국 불자들이 조석으로 독송하는 「반야심경」에도 기본 교학은 온·처·계·제·연의 다섯으로 언급되고 있다.

초기불교의 기본 가르침은 교학과 수행의 둘이요, 교학은 5온·12처·18계·22근·4성제·12연기의 여섯으로 정리되고, 수행은 4념처·4정근·4여의족·5근·5력·7각지·8정도의 37보리분법으로 집약된다. 이처럼 부처님의 원음은 애매모호하지 않고 분명하고 명료하다.

> " 초기불교의 기본 가르침은 교학과 수행의 둘이요,
> 교학은 5온·12처·18계·22근·4성제·12연기이고,
> 수행은 4념처·4정근·4여의족·5근·5력·7각지·8정도의
> 37보리분법이다. "

초기불교의 핵심은 '법'이다

부처님Buddha 佛의 가르침sāsana 敎을 불교佛敎라고 하고, 부처님의 가르침을 법Dhamma 法이라고도 한다. 이처럼 불교, 특히 초기불교는 법을 중심으로 하는 체계이다. 그래서 불법Buddha-Dhamma 佛法이라는 말은 우리에게 아주 익숙하다. 초기불전에서 법을 강조하는 부분을 살펴보고자 한다.

첫째, 부처님께서는 깨달음을 성취하신 뒤 아직 아무에게도 자신의 깨달음을 드러내지 않으신 다섯 번째 칠 일에 우루웰라의 네란자라 강둑에 있는 염소치기의 니그로다 나무 아래에 앉아서 다음과 같은 결론을 내리신다(AA.iii.24).

"아무도 존중할 사람이 없고 의지할 사람이 없이 머문다는 것은 괴로움이다. 참으로 나는 어떤 사문이나 바라문을 존경하고 존중하고 의지하여 머물러야 하는가? … 참으로 나는 내가 바

르게 깨달은 바로 이 법을 존경하고 존중하고 의지하여 머무르
리라."

「우루웰라 경」(A4:21)

둘째, 부처님의 최초의 가르침을 담은 경을 「초전법륜경」(S56:11)이
라고 부른다. 부처님께서는 이 경에서 팔정도를 중심으로 중도中道를
천명하시고 불교의 진리인 사성제를 천명하신다. 그러므로 부처님께서
깨닫고 존중하고 의지하여 머무시는 법은 사성제〔교학〕와 팔정도〔수
행〕로 집약된다.

셋째, 부처님께서는 "법을 설하라"라고 비구들에게 다음과 같이 전법
을 당부하신다.

"비구들이여, 나는 인간과 천상에 있는 모든 올가미에서 벗어
났다. 그대들도 역시 인간과 천상에 있는 모든 올가미에서 벗어
났다. 비구들이여, 많은 사람의 이익을 위하고 많은 사람의 행
복을 위하고 세상을 연민하고 신과 인간의 이상과 이익과 행복
을 위하여 유행을 떠나라. 둘이서 같은 길로 가지 마라. 비구들
이여, 법을 설하라. 시작도 훌륭하고 중간도 훌륭하고 끝도 훌
륭한〔법을 설하고〕, 의미와 표현을 구족하여〔법을 설하여〕, 더
할 나위 없이 완벽하고 지극히 청정한 범행梵行을 드러내어라."

「마라의 올가미 경 2」(S4:5), 『율장』「대품」(Vin.i.20)

넷째, 법을 존중하시는 부처님의 태도는 "법을 의지처로 삼고法歸依 법을 섬으로 삼아라法燈明"(D16)라는 가르침으로 이어지고 있다.

다섯째, 부처님께서는 「법의 상속자 경」(M3)에서 비구들에게 "비구들이여, 그대들은 내 법의 상속자가 되어야지 재물의 상속자가 되지 마라"라고 고구정녕하게 말씀하셨는데 이는 특히 출가자들이 가슴에 사무치게 새겨야 할 말씀이다.

여섯째, 「왁깔리 경」(S22:87)에서는 임종에 다다른 왁깔리 비구에게 부처님께서 "왁깔리여, 그만하여라. 그대가 이 썩어 문드러질 이 몸을 봐서 무엇하겠는가? 왁깔리여, 법을 보는 자는 나를 보고 나를 보는 자는 법을 본다. 왁깔리여, 법을 볼 때 나를 보고 나를 볼 때 법을 보기 때문이다"라고 말씀하셨다. 그런 뒤에 오온의 무상·고·무아를 설하시고 염오—이욕—해탈—구경해탈지를 설하셨다.

일곱째, 「왁깔리 경」의 이러한 말씀은 대한불교조계종의 소의경전인 『금강경』에 그대로 계승되어 다음과 같이 강조되고 있다.

> 형색으로 나를 보거나若以色見我
> 음성으로 나를 찾으면以音聲求我
> 삿된 길을 걸을 뿐是人行邪道
> 여래 볼 수 없으리不能見如來

『금강경』의 산스끄리뜨 원문에는 다음과 같은 구절이 이어서 나타난다.

법으로 부처님들을 보아야 한다.

dharmato Buddhā draṣṭavyā

참으로 스승들은 법을 몸으로 하기 때문이다.

dharmakāyā hī nāyakāḥ

몸으로 부처님을 본다면 부처님에게도 죽음이 있다. 몸으로 부처님을 보는 한 우리는 결코 생사 문제를 해결하지 못한다. 생사 문제를 해결하는 길은 법을 보는 방법 외에는 없으며 무위법인 열반을 실현하는 것밖에는 없다고 해야 할 것이다.

여덟째, 부처님께서 반열반하시기 직전에 남기신 첫 번째 유훈도 바로 "법과 율이 그대들의 스승이 될 것이다"이다. 부처님께서는 다음과 같이 간곡하게 말씀하신다.

> "아난다여, 그런데 아마 그대들에게 '스승의 가르침은 이제 끝나 버렸다. 이제 스승은 계시지 않는다'라는 이런 생각이 들지도 모른다. 아난다여, 그러나 그렇게 봐서는 안 된다. 아난다여, 내가 가고 난 후에는 내가 그대들에게 가르치고 천명한 법과 율이 그대들의 스승이 될 것이다."
>
> 「대반열반경」(D16)

아홉째, 아난다 존자도 세존께서 반열반하신 지 얼마 뒤에 고빠까 목갈라나 바라문과 나눈 대화에서 "바라문이여, 우리들은 귀의처가 없는

것이 아닙니다. 바라문이여, 우리는 법을 귀의처로 합니다"(M108)라고
분명하게 밝히고 있다.

열째, 부처님께서는 "법과 율이 그대들의 스승이 될 것이다"(D16)라고
유훈을 남기셨다. 그래서 부처님께서 입멸하신 후 두 달 뒤에 열린 일차
결집一次結集에 참석한 500명의 아라한들은 법을 합송하여 경장經藏을 결
집하고, 율을 합송하여 율장律藏을 결집하였다.

이처럼 세존께서는 깨달음을 성취하신 직후에도 스스로 깨달은 법을
의지해서 머물겠다고 하셨고, 45년간 제자들에게 설법하실 때에도 법
을 강조하셨으며, 마지막 반열반의 자리에서도 '법이 그대들의 스승이
될 것'이라는 유훈을 남기셨다. 그러므로 세존께서 반열반하고 계시지
않는 지금, 우리 불자들이 가슴에 사무치도록 존중하면서 배우고 이해
하고 실천해야 할 것은 바로 법dhamma이 아니고 그 무엇이겠는가?

> " 부처님의 가르침을 불교라고 하고
>   부처님의 가르침을 법이라고도 한다.
>   이처럼 초기불교는 법을 중심으로 하는 체계이다."

법이란 무엇인가

법dhamma이란 무엇인가? 법은 어떻게 정의하는가? 초기불전에서 담마dhamma는 다양한 의미로 쓰이고 있는데 크게 둘로 나누어 볼 수 있다. 첫째, 부처님 가르침으로서의 법을 뜻하며 대문자 담마Dhamma로 표기하고 불법Buddha-Dhamma 佛法으로 쓰인다. 둘째, 존재하는 모든 것諸法을 뜻하며 소문자 담마dhamma로 표기하고 일체법sabbe-dhammā 一切法으로 쓰인다. 그렇지만 부처님의 가르침과 일체법은 같은 내용을 담을 수밖에 없다.

첫째, 부처님 가르침으로서의 법은 교학과 수행으로 정리된다. 교학으로서의 법은 5온·12처·18계·22근·4성제·12연기의 여섯 가지 주제로 집약된다. 수행으로서의 법은 4념처·4정근·4여의족·5근·5력·7각지·8정도의 일곱 가지 주제로 구성된 37보리분법으로 정리되고, 이것은 다시 계정혜 삼학三學과 사마타止·위빳사나觀 등으로 체계화된다.

둘째, 부처님께서 반열반하신 뒤부터 부처님 직계 제자들이 법을 진지하게 사유하고 분류하고 분석하고 체계화하여 불교의 밑줄기를 튼튼하게 한 불교가 바로 아비담마abhidhamma이다. 문자적으로 아비담마는 '법에 대해서對法', 혹은 '수승한 법勝法'이라는 뜻이다. 이처럼 아비담마는 부처님 가르침의 핵심인 법을 연구하는 체계이다.

일체법으로서의 법은 일체 존재를 구성하는 기본 단위로, 아비담마에서는 '더 이상 분해할 수 없는 자기 고유의 성질을 가진 것'이라고 정의한다(DhsA.39 등). 최소 단위로서의 법은 궁극적 실재, 혹은 구경법 paramattha dhamma이라고 부른다. 상좌부 아비담마에서는 존재하는 모든 것을 고유성질의 차이에 따라 마음心·마음부수心所·물질色·열반涅槃의 4위 82법으로 정리하였으며, 설일체유부에서는 마음心·마음부수心所·물질色·심불상응행心不相應行·열반涅槃의 5위 75법으로 정착시켰고, 유식에서는 이를 발전시켜 5위 100법으로 설명하고 있다.

이런 최소 단위들이 모여서 이루어진 것들은 개념, 즉 빤냣띠paññatti 施設, 假名라고 한다. 예를 들어 사람, 동물, 산, 강, 컴퓨터 등 우리가 개념 지어 알고 있는 모든 것은 개념이지 법의 영역에 속하지 않는다. 이것들은 여러 가지의 최소 단위로 분해할 수 있기 때문이다. 개념이 존재하는 방식은 사실 그대로가 아니다. 강이라고 할 때 거기에는 최소 단위인 물의 요소āpo-dhātu들이 모여서 흘러감이 있을 뿐 강이라는 불변하는 고유의 성질은 없다. 그들은 마음이 만들어 낸 개념이지 그들의 본성에 의해서 존재하는 실재가 아니다.

「와지라 경」에 보면 "마치 부품들을 조립한 것이 있을 때 '마차'라는 명칭이 있는 것처럼 무더기들蘊이 있을 때 '중생'이라는 인습적 표현이 있을 뿐이다"(S5:10)라는 구절이 있다. 여기서 '마차'는 개념적 존재의 보기이고 '부품들'은 법들의 보기이다. 초기불교에서 '나'라는 개념적 존재를 '오온'이라는 법으로 해체해서 보는 것은 이처럼 오온개고五蘊皆苦와 오온무아五蘊無我를 극명하게 드러내기 위한 것이다. 모든 개념적 존재를 법으로 해체해서 보면 무상·고·무아가 극명하게 드러나게 되고, 그들의 무상·고·무아를 통찰하면 염오하고, 탐욕이 빛바래고, 그래서 해탈·열반을 실현한다는 것이 초기불전의 일관된 흐름이다.

한편 상좌부 불교뿐만 아니라 설일체유부說一切有部를 위시한 북방의 모든 아비달마 불교와 반야중관을 위시한 대승불교에서도 법을 고찰하는 방법으로 개별적 특징과 보편적 특징, 즉 자상sabhāva-lakkhaṇa 自相과 공상sāmañña-lakkhaṇa 共相을 채택하였다. 초기불교의 교학과 수행 체계는 '자상을 통한 공상의 확인'으로 정리된다. 고유성질의 특징에 따라 법들을 분류하고 이들 가운데 특정 법의 무상이나 고나 무아를 통찰할 것을 강조하기 때문이다.

" 법은 부처님의 가르침을 뜻하기도 하고
일체 존재를 구성하는 기본 단위로
궁극적 실재, 혹은 구경법을 뜻하기도 한다. "

초기불교의 특징은 '해체해서 보기'이다

초기불교의 특징을 한마디로 말해 보라면 주저 없이 '해체해서 보기'라고 대답할 수 있다. '해체'라는 용어는 초기불전에 이미 나타나고 있다. 부처님 제자들 가운데 영감이 가장 뛰어난 분으로 칭송되며 시작詩作에 능했던 왕기사Vaṅgīsa 존자는 「천 명이 넘음 경」(S8:8)에서 부처님을 "부분들로 해체해서 설하시는 분"이라고 찬탄하고 있다. 여기서 해체는 빠위밧자pavibhajja나 위밧자vibhajja를 옮긴 것이다.

위밧자라는 술어는 빠알리 삼장을 2,600년 동안 고스란히 전승해 온 상좌부 불교를 특징 짓는 말이기도 하다. 그들은 스스로를 위밧자 와딘vibhajja-vaadin, 즉 '해체를 설하는 자들'이라고 부르면서 자부심을 가져 왔다. 이런 상좌부 불교를 일본학자들은 분별상좌부分別上座部라고 옮겼는데 분별이란 말이 상대를 폄하하는 말인 듯해서 잘 사용하지 않는다.

그러면 무엇을 해체하는가? 개념paññatti 施設을 해체한다. 개념을 무엇으로 해체하는가? 법dhammā 法들로 해체한다. 중요한 것은 이렇게 해체해서 보는 이유이다. 그것은 첫째, 존재하는 모든 것을 이처럼 법으로 해체해서 보면 자아니 인간이니 중생이니 영혼이니 우주니 하는 변하지 않는 어떤 불변의 실체가 있다는 착각이나 고정관념을 깰 수 있기 때문이다. 둘째, 이렇게 법들로 해체하면 이러한 법들의 찰나성無常이 드러나고, 찰나를 봄으로써 제법이 괴로움苦일 수밖에 없음에 사무치게 되고, 제법은 모두가 독자적으로 생길 수 없는 연기적 흐름無我이라는 사실이 극명하게 드러나기 때문이다.

자아니 인간이니 하는 개념적 존재를 뭉뚱그려 두고는 그것의 무상이나 고나 무아를 철견할 수 없다. 그래서 아비담마는 존재 일반을 철저히 법들로 분해하고 해체해서 제시하는 것이다.

'나'라는 개념적 존재는 오온으로 해체해서 보고, '일체 존재'는 12처로, '세계'는 18계로, '진리'는 사성제로, '생사 문제'는 12연기로 해체해서 보면 모든 법sabbe dhammā 諸法의 무상·고·무아가 극명하게 드러나게 된다. 이러한 무상이나 고나 무아를 통찰함으로써 염오하고, 탐욕이 빛바래고, 그래서 해탈·열반을 실현한다는 것이 초기불전의 450군데에서나 강조되고 있다.

예를 들면 땅에 떨어진 머리카락을 보고는 아무도 아름답다고 하지 않는다. 그러나 머리카락이 머리라는 특정한 곳에서 특정한 색깔과 특정한 형태로 여인이라는 전체상과 얼굴이라는 부분상에 묶여 있을 때 우리는 그 머리카락을 아름답다고 하고 그것에서 애욕을 일으킨다. 이들을 아름답다고 여기는 것은 우리가 관념적으로 취하는 전체상과 부분상에서 기인한 것이다. 하지만 머리카락을 '단지 머리카락'으로만 해체해서 보면 그것은 더 이상 애욕의 대상이 아니요, 오히려 염오의 대상이 된다.

아름다운 여인의 눈과 코와 입술이 아무리 예쁘다 할지라도 그것은 전체상과 부분상을 이루고 있을 때의 이야기이다. 눈을 빼고 코를 분리하고 입술을 도려내어 알코올에 담가 두었다면 아무도 그것에서 애욕을 일으키지 않을 것이다. 이처럼 해체해서 보면 무상·고·무아가 극명하게 드러나고 염오가 일어난다.

「대념처경」(D22) 등의 초기불전에 나타나는 수행 방법의 핵심도 나라는 존재를 몸身·느낌受·마음心·법法으로 해체해서 그중 하나에 집중samatha하거나 그중 하나에 대해서 무상·고·무아를 통찰vipassanā하는 것이다. 위빳사나의 문자적인 뜻도 '해체해서vi- 보기passanā'이다. 해체해서 보지 못하면 불교적 수행을 하는 사람이 아니라고 할 수 있다. 나와 존재와 세상과 진리와 생사 문제를 이처럼 온·처·계·근·제·연으로 해체해서 보지 못하면 깨달음을 실현할 수 없다. 뭉쳐 두면 속고 해체하면 깨닫는다. 이처럼 해체해서 보는 예리한 통찰지를 중국 선종에서는 검劍에다 비유하여 취모검吹毛劍으로 부르기도 하였는데 '혹하고 불어吹 올린 털毛을 자를 정도로 예리하고 날카로운 검'이라는 뜻이다.

세계를 공空으로 보려는 것이 반야중관般若中觀의 직관적인 시각이고 세계를 깨달음의 입장에서 아름답게 꽃으로 장엄하여 보려는 것이 화엄華嚴의 종합적인 시각일 것이다. 이에 반해 초기불교는 세계를 법法으로 해체해서 봄으로써 깨달음을 실현하려는 해체적인 시각이다.

설혹 해체해서 보지 않고 직관만으로 나와 세상을 공空이라고 보았더라도 그것을 드러내기 위해서는 결국 해체를 설하지 않을 수 없다. 그러므로 아비담마나 아비달마, 유식처럼 분석을 강조하든, 반야중관처럼 직관을 강조하든, 화엄처럼 종합을 강조하든, 그것은 불교적 방법론인 해체에 토대를 두어야 할 것이다. 해체의 토대를 튼튼히 한 뒤에 직관과 종합을 해도 늦지 않다. 직관이나 통합만을 강조해 온 한국불교에는 초기불교의 해체적 시각이 꼭 필요하다고 강조하고 싶다.

> "초기불교의 특징은 해체해서 보기이다.
> 무엇을 해체하는가?
> 개념을 법들로 해체한다.
> 해체해서 보지 못하면 해탈·열반을 실현할 수 없다.
> 뭉쳐 두면 속고 해체하면 깨닫는다."

초기불교의 교학

제2장 나는 무엇인가

오온①: 나는 오온이다

「말리까 경」에서 꼬살라 국의 빠세나디 왕과 그의 아내 말리까 왕비는 궁궐의 누각에서 이런 대화를 나눈다.

"말리까여, 그대 자신보다 더 사랑스러운 자가 있습니까?"

"대왕이시여, 제게는 제 자신보다 더 사랑스러운 자가 없습니다. 대왕이시여, 그런데 폐하께는 자기 자신보다 더 사랑스러운 자가 있습니까?"

"말리까여, 나에게도 나 자신보다 더 사랑스러운 자는 없습니다."

왕이 세존께 다가가서 이 사실을 말씀드리자 세존께서는 이렇게 게송을 읊으셨다.

마음으로 사방을 찾아보건만
자신보다 사랑스러운 자 볼 수가 없네.

이처럼 누구에게나 자신이 사랑스러운 법

그러므로 자기를 사랑하는 자, 남을 해치지 마세.

「말리까 경」(S3:8)

잘 알려진 이 게송은 『쿳다까 니까야』의 『감흥어』(Ud.47)와 『청정도론』(Vis. IX.10)에도 나타나고 있다.

이처럼 누구에게나 가장 소중한 '나'라는 것은 과연 무엇인가? 인류가 있어 온 이래로 인간이 스스로에게 던진 가장 많은 질문은 바로 '나는 무엇인가'일 것이다. 부처님께서도 당연히 이 질문에 대해서 대답하셨고, 중요한 질문이기에 아주 많이, 그것도 아주 강조하여 말씀하셨다. 부처님께서는 이 질문에 어떻게 대답하셨을까?

부처님께서는 초기경의 도처에서 간단명료하게 '나'는 오온pañca-kkhandha五蘊이라고 말씀하셨다. 나라는 존재는 물질色, 느낌受, 인식想, 심리현상들行, 알음알이識의 다섯 가지 무더기蘊의 적집일 뿐이라는 것이다.

첫째, 물질rūpa 色은 경전에서는 "변형된다고 해서 물질이라 한다"(S22:79)라고 정의된다. 여기서 변형變形은 변화와 다르다. 변형은 형태나 모양이 있는 것이 그 형태나 모양이 바뀌는 것을 말한다. 이것은 물질만의 특징이다. 느낌, 인식, 심리현상들, 알음알이와 같은 정신의 무더기들은 변화는 할 수 있지만 변형은 없다. 형태나 모양이 없기 때문이다. 변형은 물질에만 있는 성질이다.

둘째, 느낌vedanā 受은 감정적이고 정서적이고 예술적인 심리현상들의 단초가 되는 것이다. 예를 들면 탐욕이나 성냄은 느낌을 토대로 한 심리현상들이지만 느낌의 영역에 속하지 않는다. 이들은 오온의 네 번째인 심리현상들의 무더기行蘊에 속한다. 그래서 느낌을 감정적이고 정서적인 심리현상들의 단초가 된다고 표현한 것이다. 경전에 의하면 느낌에는 즐거운 느낌樂受, 괴로운 느낌苦受, 괴롭지도 즐겁지도 않은 느낌不苦不樂受의 세 가지가 있다.

셋째, 인식saññā 想은 이지적, 사상적, 철학적 심리현상들의 단초가 되는 것이다. 어리석음이나 통찰지나 사견과 같은 심리현상들은 인식을 토대로 한 것이지만 인식의 영역에 속하지 않는다. 이들은 오온의 네 번째인 심리현상들의 무더기行蘊에 속한다. 그래서 인식을 이지적, 철학적 심리현상들의 단초가 된다고 표현한 것이다. 인식은 단박에 전환이 가능하고 유신견sakkāya-diṭṭhi 有身見과 관계있다. 또한 상락아정常樂我淨이라는 인식의 전도에 빠져서 어리석음痴으로 발전될 수 있다.

넷째, 행saṅkhārā 行은 심리현상들을 뜻한다. 오온의 문맥에서 나타나는 행, 즉 행온行蘊은 항상 복수 형태로 나타나고 있음에 유념해야 한다. 행온은 52가지 마음부수들 중 느낌과 인식을 제외한 나머지 50가지 마음부수들 모두를 다 포함한다는 것이 주석서와 복주서들을 비롯한 아비담마의 한결같은 설명이다.

다섯째, 알음알이viññāṇa 識는 느낌受과 인식想과 심리현상들行의 도움으로 대상을 아는 역할을 하는 것이다. 여러 초기불전에서 '식별識別한다고 해서 알음알이라 한다'라고 정의하고 있다. 한편 초기불전과 아비담마와 유식에서 마음citta 心과 마노mano 意와 알음알이viññāṇa 識는 동의어라고 설명하고 있다.

부처님께서는 왜 '나'라는 존재를 이처럼 다섯 가지로 해체해서 대답하셨을까? 그것은 '나', 혹은 자아라는 고정불변하는 어떤 실체sāra가 있는 것이 아니라는 점을 분명히 하기 위해서이다.

그래서 와지라 비구니 스님은 이렇게 읊고 있다.

> 마치 부품들을 조립한 것이 있을 때
> '마차'라는 명칭이 있는 것처럼
> 무더기들五蘊이 있을 때
> '중생'이라는 인습적 표현이 있을 뿐이로다.
>
> 「와지라 경」(S5:10)

'나'라는 존재를 몸뚱이와 느낌과 인식과 심리현상들과 알음알이로 해체해서 보게 되면 이들의 변화성과 찰나성, 즉 무상無常이 극명하게 드러난다. 무상하고 변화하는 것은 괴로움苦이다. 우리는 변하고 괴로운 것을 '나'라고 하거나 '나의 자아'라고 하지 않는다. 이처럼 변화를 통찰할 때 괴로움과 무아無我도 꿰뚫게 된다. 무상이나 고나 무아를 철견할 때 불가능해 보이던 중생의 해탈은 비로소 성취되는 것이다.

> ❝부처님께서는 초기경의 도처에서
> '나'는 오온이라고 간단명료하게 말씀하셨다.
> 나라는 존재는 물질·느낌·인식·심리현상들·알음알이의
> 다섯 가지 무더기의 적집일 뿐이라는 것이다.❞

오온②: 물질의 무더기

초기불전에서는 물질을 "비구들이여, 네 가지 근본물질과 네 가지 근본물질에서 파생된 물질 – 이를 일러 물질이라 한다"(S12:2)라고 설명하고 있다. 사리뿟따 존자도 "도반들이여, 무엇이 취착의 (대상인) 물질의 무더기입니까? 네 가지 근본물질과 그 근본물질에서 파생된 물질들입니다. 도반들이여, 그러면 무엇이 네 가지 근본물질입니까? 땅의 요소, 물의 요소, 불의 요소, 바람의 요소입니다"(M28)라고 하여 물질을 근본물질bhūta-rūpa 四大과 파생된 물질upādā-rūpa 所造色의 두 가지로 설명하고 있다. 여기서 근본물질은 지地·수水·화火·풍風의 사대四大를 뜻하고, 파생된 물질은 근본물질에서 파생된 24가지 물질을 뜻한다.

이처럼 상좌부에서는 근본물질인 지·수·화·풍의 4대와 파생된 물질 24가지를 합하여 모두 28가지 물질을 인정하고 있으며, 이들을 또 구체적 물질nipphanna-rūpa 18가지와 추상적 물질anipphanna-rūpa 10가지로 분류한다. 구체적 물질 18가지는 근본물질 네 가지(지·수·화·풍),

감성의 물질 다섯 가지〔눈 · 귀 · 코 · 혀 · 몸〕, 대상의 물질 네 가지〔형
색 · 소리 · 냄새 · 맛〕, 성의 물질 두 가지〔여성과 남성〕, 심장의 물질〔심장
토대〕, 생명의 물질〔생명기능〕, 그리고 음식의 물질〔영양소〕이다. 그리고
이러한 물질들이 가지는 성질을 추상적 물질이라고 하여 물질의 영역에
포함시키는데, 허공의 요소, 몸을 통한 암시와 말을 통한 암시, 물질의
가벼움, 물질의 부드러움, 물질의 적합함에 물질의 네 가지 특징인 생성
成 · 상속住 · 쇠퇴壞 · 무상함空의 넷을 더하여 모두 10가지 추상적 물질을
들고 있다.

　근본물질인 사대는 실제의 땅, 물, 불, 바람이 아니라 땅의 요소
pathavī-dhātu 地界, 물의 요소āpo-dhātu 水界, 불의 요소tejo-dhātu 火界,
바람의 요소vāyo-dhātu 風界를 뜻한다. 땅의 요소는 단단함과 부드러움,
거칢과 매끄러움, 무거움과 가벼움이고 물의 요소는 유동성과 응집성,
불의 요소는 따듯함과 차가움, 바람의 요소는 지탱함과 움직임이다. 사
대는 물질을 구성하는 가장 기본적인 요소들이며, 이들은 서로 분리될
수 없고 이들이 여러 형태로 조합되어 모든 물질을 구성한다.

　물질이 생기는 원인은 아비담마에서 네 가지를 들고 있는데 그것은
마음 · 업 · 온도 · 음식이다. 특정 순간의 마음이 일어나고 머물고 사라지
는 매 찰나에 물질은 그 마음과 이전의 업을 원인으로 하여 마음과 함께
일어난다.

　초기불전에서는 물질의 무더기를 "변형된다고 해서 물질이라고 한다.
그러면 무엇에 의해서 변형되는가? 차가움에 의해서도 변형되고, 더움
에 의해서도 변형되고, 배고픔에 의해서도 변형되고, 목마름에 의해서

도 변형되고, 파리, 모기, 바람, 햇빛, 파충류들에 의해서도 변형된다"
(S22:79)라고 정의한다. 여기서 변형ruppana은 변화viparinnāma와 다
르다. 변형은 형태나 모양이 있는 것이 그 형태나 모양이 바뀌는 것으로,
이것은 물질만의 특징이다.

　부처님은 왜 물질, 혹은 몸뚱이를 변형으로 정의하셨을까? 내 몸뚱이
를 해체해서 보면 변형이라는 무상이 극명하게 드러나기 때문이다. 이처
럼 변형으로 정의되는 물질의 무상을 보면 깨닫게 된다.

> **"**물질은 변형된다고 해서 물질이라고 한다.
> 변형은 형태나 모양이 있는 것이 그 형태나 모양이 바뀌는 것으로,
> 이것은 물질만의 특징이다.
> 변형으로 정의되는 물질의 무상을 보면 깨닫게 된다.**"**

오온③: 느낌의 무더기

'나는 무엇인가'에 대한 부처님의 두 번째 대답은 느낌vedanā 受이다. 느낌은 자본주의의 가장 민감한 주제요, 젊은이들이 '필이 팍 꽂혔다'라고 열광하는 *feeling*을 뜻한다. 그래서 일찍부터 서양에서 느낌은 *feeling*으로 정착이 되었다. 오온 가운데 유일하게 느낌만이 『상윳따 니까야』「느낌 상윳따」(S36)라는 독립된 주제로 모아져서 31개의 경들이 포함되어 있다. 느낌을 몇 가지 측면에서 살펴보면 다음과 같다.

첫째, 느낌은 감정적·정서적·예술적 심리현상의 단초가 되는 것이다.

둘째, 경들에 의하면 느낌에는 즐거운 느낌樂受, 괴로운 느낌苦受, 괴롭지도 즐겁지도 않은 느낌不苦不樂受의 세 가지가 있다.

"비구들이여, 그러면 왜 느낌이라 부르는가? 느낀다고 해서 느낌이라 한다. 그러면 무엇을 느끼는가? 즐거움도 느끼고 괴로움도 느끼고 괴롭지도 즐겁지도 않은 것도 느낀다.

56

비구들이여, 이처럼 느낀다고 해서 느낌이라 한다."

「삼켜 버림 경」(S22:79)

셋째, 이러한 세 가지 느낌 가운데 즐거운 느낌은 탐욕의 잠재성향과 관계가 있고, 괴로운 느낌은 적의의 잠재성향, 괴롭지도 즐겁지도 않은 느낌은 무명의 잠재성향과 관계가 있다.

"비구들이여, 즐거움을 느낄 때 탐욕의 잠재성향을 버려야 한다. 괴로움을 느낄 때 적의의 잠재성향을 버려야 한다. 괴롭지도 즐겁지도 않은 느낌의 경우 무명의 잠재성향을 버려야 한다."

「버림 경」(S36:3)

넷째, 인식이 이념이나 사상을 더 중시하는 사회주의와 관계가 깊은 것이라고 한다면 감정이나 정서, 예술과 편리함의 추구와 관계있는 느낌은 자본주의의 발전과 밀접한 관계가 있다고 할 수 있다. 특히 자본주의와 밀접한 관계가 있는 매스미디어를 통한 광고는 인간의 느낌을 무한대로 자극한다.

다섯째, 느낌은 반드시 일어난다. 피할 수 없다. 부처님께서는 "일체사느낌으로 모인다"(A8:83)라고 말씀하셨다. 남방 아비담마와 북방 아비달마, 유식에 의하면 느낌은 마음과 항상 함께 일어나는 심리현상, 즉 반드시들遍行心所에 속한다. 그러므로 생명체가 존재하는 한, 그리고 그가 상수멸想受滅, 즉 멸진정滅盡定에 들지 않는 한 느낌으로부터 벗어날 수 없다.

여섯째, 느낌이 피할 수 없는 것이기에 부처님께서는 느낌의 순화와 안정, 행복의 증진을 위해서 삼매를 닦을 것을 강조해서 설하고 계신다. 그래서 네 가지 선禪이 강조되어 나타나고 4선 – 4처 – 상수멸의 구차제멸九次第滅, 혹은 구차제정九次第定도 강조되고 있다.

일곱째, 부처님께서는 두 번째 화살에 맞지 말라고 고구정녕하게 말씀하고 계신다.

> "비구들이여, 예를 들면 어떤 사람이 화살에 맞았지만 그 첫 번째 화살에 연이은 두 번째 화살에는 맞지 않은 것과 같다. 그래서 그 사람은 하나의 화살로 인한 괴로움만을 겪을 것이다.
>
> 비구들이여, 그와 같이 잘 배운 성스러운 제자는 괴로운 느낌을 접하더라도 결코 근심하지 않고 상심하지 않고 슬퍼하지 않고 가슴을 치지 않고 울부짖지 않고 광란하지 않는다. 그는 오직 한 가지 느낌, 즉 육체적인 느낌만을 경험할 뿐이다."
>
> 「화살 경」(S36:6)

여덟째, 그러면 피할 수 없는 〔괴로운〕 느낌에 어떻게 대처해야 하나?

> "비구들이여, 비구가 이처럼 마음챙겨, 분명히 알아차리며, 방일하지 않고, 열심히, 스스로 독려하며 머무는 중에 괴로운 느낌이 일어나면 그는 이렇게 꿰뚫어 안다.
>
> '지금 나에게 괴로운 느낌이 일어났다. 이것은 조건에 의해서

생겨난 것이며, 조건에 의해서 생겨나지 않은 것이 아니다. 무엇에 의해 조건 지어졌는가? 바로 이 몸에 의해 조건 지어졌다. 그런데 이 몸은 참으로 무상하고 형성되었고 조건에 의해서 생겨난 것이다. 이렇듯 무상하고 형성되었고 조건에 의해서 생겨난 몸에 조건 지어진 이 괴로운 느낌이 어찌 항상할 수 있을 것인가?'

그는 몸에 대해 그리고 괴로운 느낌에 대해 무상을 관찰하며 머무르고, 사그라짐을 관찰하며 머무르고, 탐욕의 빛바램을 관찰하며 머무르고, 소멸을 관찰하며 머무르고, 놓아버림을 관찰하며 머무른다. 그가 몸에 대해 그리고 괴로운 느낌에 대해 무상을 관찰하며 머무르고, 사그라짐을 관찰하며 머무르고, 탐욕의 빛바램을 관찰하며 머무르고, 소멸을 관찰하며 머무르고, 놓아버림을 관찰하며 머물면 몸에 대한, 그리고 괴로운 느낌에 대한 적의의 잠재성향이 사라진다.”

「간병실경」(S36:7)

부처님께서는 즐거운 느낌과 평온한 느낌에 대해서도 같은 방법으로 설하셨다.

아홉째, 그러나 느낌에 대한 부처님의 결론은 “느낌들이란 참으로 거품과 같다”(S22:95)라는 것이다. 그래서 주석서는 “마치 거품이 조그마한 물에서 생겼다가는 사라지고 오래 가지 않듯이 느낌도 그와 같다. 손가락 한 번 튀기는 순간에 십만 꼬띠koṭi, 즉 1조 개의 느낌들이 일어나고 사라진다"라고 설명하고 있다. 그러므로 이러한 느낌에 연연하지 말고 느낌의 무상함에 사무쳐서 느낌의 무상·고·무아의 통찰을 통한 염오-이욕-해탈-구경해탈지를 완성해야 한다. 초기불전에서는 '느낌이라는 행복'이 아니라 '열반의 행복'을 실현할 것을 도처에서 강조하고 있다.

> **"**느낌들이란 참으로 거품과 같다.
> 이러한 느낌에 연연하지 말고
> 느낌의 무상함에 사무쳐야 한다.**"**

오온④: 인식의 무더기

'나는 무엇인가'에 대한 부처님의 세 번째 대답은 인식sañña 想이다. 인식을 몇 가지 측면에서 살펴보면 다음과 같다.

첫째, 오온의 두 번째인 느낌受이 감정적이고 정서적이며 예술적인 심리현상들의 단초가 되는 것이라면, 인식은 이지적, 사상적, 철학적 심리현상들의 밑바탕이 되는 것이다. 서양에서는 *perception*으로 정착이 되었다.

둘째, 감정과 정서와 예술과 편리함의 추구와 관계있는 느낌受이 자본주의의 발전과 밀접한 관계가 있다면 인식想은 이념이나 사상을 중시하는 사회주의와 더 가까운 것이라고 할 수 있을 것이다.

셋째, 남방 아비담마와 북방 아비달마, 유식에 의하면 인식도 마음과 항상 함께 일어나는 심리현상, 즉 반드시들遍行心所에 속한다. 그러므로 생명체가 존재하는 한, 그리고 그가 상수멸想受滅, 즉 멸진정滅盡定에 들지 않는 한 인식으로부터 벗어날 수 없다. 인식이 피할 수 없는 것이기에 부처님께서는 버려야 할 인식과 닦아야 할 인식을 강조하셨다.

넷째, 잘못된 인식은 버려야 한다. 인식은 대상을 받아들여 이름 짓고 개념을 일으키는 작용이다. 그런데 이런 개념작용은 또 무수한 취착을 야기하고 해로운 심리현상들不善法을 일으키기 때문에 초기경의 여러 문맥에서 인식은 부정적이고 극복되어야 할 것으로 언급되어 있다. 그래서 "희론하는 인식papañca-saññā"(M11;M18) 등을 가지지 말 것을 강조하고 있다.

『금강경』은 버리고 극복해야 할 대표적인 인식으로 아상我相, 인상人相, 중생상衆生相, 수자상壽者相, 즉 자아가 있다는 인식, 개아가 있다는 인식, 중생이 있다는 인식, 영혼이 있다는 인식을 들고 있음은 우리가 잘 알고 있다. 이러한 인식들은 단지 인식에만 머물지 않고 존재론적인 고정관념으로 고착된다고 이해한 구마라집鳩摩羅什 스님은 『금강경』에서 이러한 인식을 '상想'으로 옮기지 않고 '상相'으로 옮겼다. 『금강경』을 한역한 여섯 분의 스님들 가운데 구마라집 스님을 제외한 나머지 다섯 분들은 모두 '상想'으로 직역하였다.

다섯째, 무상無常·고苦·무아無我·부정不淨인 것을 항상하고 즐겁고 자아이고 깨끗한 것으로常樂我淨 여기는 것을 인식의 전도顚倒라고 하며 (A4:49)『반야심경』도 이러한 전도를 여의고 궁극적 행복인 열반을 실현할 것遠離顚倒夢想 究竟涅槃을 강조하고 있다.

이러한 인식의 전도는 이미 니까야에 다음과 같이 나타나고 있다.

"비구들이여, 네 가지 인식의 전도, 마음의 전도, 견해의 전도가 있다. 무엇이 넷인가?
비구들이여, 무상에 대해서 항상하다는 인식의 전도, 마음의 전도, 견해의 전도가 있다. 비구들이여, 괴로움에 대해서 행복이라는 인식의 전도, 마음의 전도, 견해의 전도가 있다. 비구들이여, 무아에 대해서 자아라는 인식의 전도, 마음의 전도, 견해의 전도가 있다. 비구들이여, 부정한 것에 대해서 깨끗하다는 인식의 전도, 마음의 전도, 견해의 전도가 있다.

　비구들이여, 이러한 네 가지 인식의 전도, 마음의 전도, 견해의 전도가 있다."

「전도경」(A4:49)

　무상하고, 괴로움이고, 무아이고, 부정한 대상에 대해서 영원하고, 행복하고, 자아이고, 깨끗하다고 여기면서 일어나기 때문에 전도라 한다.

『청정도론』(Vis.XXII.53)

　여섯째, 인식이 마음과 함께 반드시 일어나기 마련인 것이라면 해탈·열반에 방해가 되는 존재론적인 인식은 버리고 해탈·열반에 도움이 되는 인식들은 계발해야 할 것이다.

　그래서 초기경에서는 제거되어야 할 고정관념으로서의 인식만을 들고 있는 것이 아니라, 깨달음을 증득하고 해탈·열반을 실현하기 위해서 계발하고 닦아야 하는 인식도 나타나고 있다. 특히 『앙굿따라 니까야』에는 수행자들이 닦아야 할 여러 가지 조합의 인식들이 나타나고 있다. 예를 들면 『앙굿따라 니까야』「열의 모음」에는 "①〔오온에 대해서〕 무상이라고 〔관찰하는 지혜에서 생긴〕 인식 ②무아라고 〔관찰하는 지혜에서 생긴〕 인식 ③부정이라고 〔관찰하는 지혜에서 생긴〕 인식 ④위험을 〔관찰하는 지혜에서 생긴〕 인식 ⑤버림을 〔관찰하는 지혜에서 생긴〕 인식 ⑥탐욕이 빛바램을 〔관찰하는 지혜에서 생긴〕 인식 ⑦소멸을 〔관찰하는 지혜에서 생긴〕 인식 ⑧온 세상에 대해 기쁨이 없다는 인식 ⑨모든 형성된 것들諸行에 대해서 무상이라고 〔관찰하는 지혜에서 생긴〕 인식 ⑩들숨날숨에 대한 마음챙김"(A10:60)이 언급되고 있다.

이처럼 수행과 관계된 다양한 조합의 인식이 나타나고 있는데 이러한 인식들은 모두 수행을 통해서 얻어야 할 인식이며, 해탈·열반을 실현하는 데 도움이 되는 인식으로 권장되고 있다.

일곱째, 인식은 초기불전에서 실체 없는 신기루에 비유되어 나타난다(S22:95). 그러므로 우리는 자아自我니 대아大我니 진아眞我니 영혼이니 일심一心이니 하는 잘못된 인식이나 고정관념을 여의고, 이런 인식은 참으로 "텅 비고 공허하고 실체가 없는 것"(S22:95)이라고 사무치게 새겨서 필경에는 인식이 무상이요, 고요, 무아임을 꿰뚫어 염오-이욕-해탈을 완성해야 할 것이다. 이렇게 실천하는 사람이야말로 해탈·열반의 길을 가는 진정한 부처님의 제자일 것이다.

> " 인식은 대상을 받아들여 이름 짓고
> 개념을 일으키는 작용이다.
> 개념 작용은 무수한 취착을 야기하고
> 해로운 심리현상들을 일으킨다. "

오온⑤: 심리현상들의 무더기

'나는 무엇인가'에 대한 부처님의 네 번째 대답은 심리현상들sankhārā
行이다. 여기서 '심리현상들'이라고 조금 생소하게 옮기고 있는 용어는 중
국에서 행行으로 옮긴 상카라sankhārā이다. 상카라는 초기불전에 가장
많이 등장하는 단어 가운데 하나로 크게 네 가지 의미로 쓰이고 있다.

첫째, 제행무상諸行無常 등의 문맥에서는 열반을 제외한 모든 '형성된
것들', 즉 유위법sankhata-dhamma 有爲法을 뜻한다.

둘째, 오온의 네 번째인 행은 '심리현상들'을 나타내는데 아비담마의
52가지 마음부수cetasikā dhammā 心所法들 중 느낌과 인식을 제외한 나
머지 50가지 마음부수들을 뜻한다.

셋째, 12연기의 두 번째 구성요소인 무명연행無明緣行으로 나타날 때는
'의도적 행위들'로 해석된다. 이 경우의 행은 업karma 業과 동의어이다.

넷째, 몸과 말과 마음으로 짓는 세 가지 행위인 신행kāya-sankhāra 身行,
구행vacī-sankhāra 口行, 의행mano-sankhāra 意行으로 나타날 때의 행은

12연기의 행처럼 의도적 행위, 즉 업형성으로 이해한다. 문맥에 따라서는 단순한 '작용'을 뜻하기도 한다(S41:6).

혹자들은 오온의 행온도 의도적 행위나 업형성[력] 등으로 이해하고 옮기는 경우가 있는데, 이것은 행온의 한 부분인 의도cetanā만을 부각한 잘못된 역어라고 해야 한다.

심리현상들을 몇 가지 측면에서 살펴보면 다음과 같다.

첫째, 오온의 두 번째인 느낌受이 감정적, 정서적, 예술적 심리현상들의 단초가 되는 것이고, 세 번째인 인식想이 이지적, 사상적, 철학적 심리현상들의 단초가 되는 것이라면, 심리현상들行은 52가지 마음부수들 心所法 중에서 느낌과 인식을 바탕으로 해서 일어나는 50가지 마음부수들을 뜻한다. 심리현상들에는 각각 다른 고유성질을 가진 많은 마음부수들이 포함되기 때문에 물질, 느낌, 인식, 알음알이는 단수로 나타나지만 심리현상들은 항상 복수로 나타나고 있음에 유념해야 한다. 서양에서는 *mental formations*로 정착이 되었다.

둘째, 상좌부 아비담마에서는 모두 52가지 마음부수들을 들고 있는데 오온에서의 행, 즉 심리현상들은 이 중에서 느낌과 인식을 제외한 나머지 마음부수들을 뜻한다. 52가지 마음부수는 다른 것과 같아지는 마음부수들 13가지[감각접촉, 느낌, 인식, 의도, 집중, 생명기능, 마음에 잡도리함, 일으킨 생각, 지속적 고찰, 결심, 정진, 희열, 열의), 해로운不 善 마음부수들 14가지[어리석음, 양심없음, 수치심없음, 들뜸, 탐욕, 사견, 자만, 성냄, 질투, 인색, 후회, 해태, 혼침, 의심), 아름다운 마음부수들 25가지[믿음, 마음챙김, 양심, 수치심, 탐욕없음, 성냄없음, 중립,

몸의 경안, 마음의 경안, 몸의 가벼움, 마음의 가벼움, 몸의 부드러움, 마음의 부드러움, 몸의 적합함, 마음의 적합함, 몸의 능숙함, 마음의 능숙함, 몸의 올곧음, 마음의 올곧음, 바른 말, 바른 행위, 바른 생계, 연민, 더불어 기뻐함, 어리석음 없음 혹은 통찰지)이다. 『구사론』 등의 북방 아비달마에서는 모두 46가지 심리현상들을 들고 있고, 유식에서는 50가지를 들고 있다. 이러한 심리현상들은 다양한 조건에 따라 무리 지어 마음과 함께 일어나고 함께 멸한다.

셋째, 이러한 심리현상들은 초기불전에서 파초에 비유되어 나타난다(S22:95). 주석서는 "마치 파초의 줄기가 많은 잎과 껍질 등으로 조합되어 있듯이 심리현상들의 무더기도 많은 법들로 조합되어 있다"(SA. ii.323)라고 설명한다. 파초의 줄기는 겉모양은 마치 시멘트로 만든 튼튼한 기둥처럼 보이지만 이 튼튼한 듯 보이는 기둥의 속心材은 텅텅 비어 있다. 그와 마찬가지로 우리의 다양하고 강렬한 심리현상들도 뭉쳐 두면 단단한 실체가 있는 것처럼 보이지만 통찰지라는 도끼로 분해하고 해체해서 보면 속이 텅 빈 실체 없는 파초와 같다는 것이다.

그래서 이 경은 "그가 그 심리현상들을 쳐다보고 면밀히 살펴보고 근원적으로 조사해 보면 그것은 텅 빈 것으로 드러나고 공허한 것으로 드러나고 실체가 없는 것으로 드러난다. 비구들이여, 심리현상들에 무슨 실체가 있겠는가?"라고 결론짓는다.

넷째, 수행자는 나를 구성하고 있는 심리현상들을 통찰지라는 도끼로 분해하고 해체해서 보아야 한다. 그래서 심리현상들의 실체없음asāra, 즉 무아에 사무쳐서 심리현상들에 염오하고 탐욕이 빛바래어 해탈을 체득하고 열반을 실현해야 한다. 뭉쳐 두면 속고 해체하면 깨닫는다.

> " 심리현상들은 52가지 마음부수들 중에서
>
> 느낌과 인식을 제외한 나머지 50가지 마음부수들을 말한다.
>
> 심리현상들은 다양한 조건에 따라 무리 지어
>
> 마음과 함께 일어나고 함께 멸한다. "

오온⑥: 알음알이의 무더기

'나는 무엇인가'에 대한 부처님의 마지막 대답은 알음알이viññāṇa 識
이다. 우리말로 '알음알이'로 옮긴 이 용어는 중국에서 식識으로 옮긴 윈
냐나viññāṇa이다. 윈냐나는 '분리해서 알다'에서 파생된 단어로 영어로
는 *consciousness*로 정착이 되었다. 알음알이를 몇 가지 측면에서 살펴
보면 다음과 같다.

첫째, 초기불전에서부터 아비달마와 유식에 이르기까지 마음citta 心
과 마노mano 意와 알음알이viññāṇa 識는 동의어이다. 다만 역할이나 문
맥에 따라서 다르게 쓰일 뿐이다.

둘째, 초기불전에서 마음은 단지 대상을 아는 것了別境일 뿐이다. 마음
은 일어나고 멸할 때 반드시 느낌受, 인식想, 심리현상들行과 함께 일어나
고 함께 멸한다. 마음은 느낌과 인식과 심리현상들이라는 마음부수의
도움으로 대상을 아는 것이다. 이것은 아비달마와 유식에서도 마찬가지
이다.

셋째, 마음, 혹은 알음알이識는 조건발생이다. 감각장소根와 대상境이라는 조건이 없이 혼자 존재하거나 독자적으로 일어나는 알음알이는 절대로 존재할 수 없다. 그래서 초기불전의 도처에서 '눈과 형색을 조건으로 하여 눈의 알음알이가 일어난다'(S35:60)라고 나타난다.

넷째, 마음은 찰나생 찰나멸이다. 부처님께서는 "비구들이여, 이것과 다른 어떤 단 하나의 법도 이렇듯 빨리 변하는 것을 나는 보지 못하나니, 그것은 바로 마음이다. 비구들이여, 마음이 얼마나 빨리 변하는지 그 비유를 드는 것조차 쉽지 않다"(A1:5:8)라고 강조하고 계신다. 이러한 가르침은 주석서와 아비달마에서 찰나khaṇa 刹那로 정착이 된다. 더 나아가서 주석서는 이 찰나도 다시 일어나고, 머물고, 무너지는 세 아찰나 sub-moment 亞刹那로 구성된다고 설명하고 있다. 그리하여 자칫 빠질지도 모르는 찰나의 실재성마저 거부하고 있다.

다섯째, 마음은 흐름santati 相續이다. 마음이 찰나생 찰나멸이라면 지금 여기에서 생생히 유지되고 있는 이 마음은 무엇인가. 초기불교에서는 지금 여기에서 생생히 전개되는 이 마음을 '찰나생 찰나멸의 흐름'으로 설명한다. 이를 주석서는 존재지속심의 흐름bhavaṅga-sota 등으로 강조하고 있다(DA.ii.253). 마음의 흐름은 『금강경』에 심상속 citta-dhāra 心相續로 나타나고 있는데 이를 현장스님은 심류주心流注로 옮겼다.

여섯째, 알음알이, 즉 마음은 무상無常하다. 그리고 실체가 없다無我. 알음알이를 위시한 오온의 무상은 초기불전의 도처에서 강조되고 있다. 무상·고·무아에 사무쳐야 염오−이욕−해탈−구경해탈지가 일어나서 깨달음을 성취하고 열반을 실현하여 성자가 된다. 마음을 절대화해 버리면 그것이 바로 외도의 자아自我에 해당된다. 오온을 절대화하면 유신견有身見, 즉 자아가 있다는 견해가 된다. 유신견은 중생을 중생이게끔 얽어매는 열 가지 족쇄saṁyojana 結 가운데 첫 번째요, 『금강경』의 네 가지 상相 중 하나이다. 유신견이 있는 한 성자의 첫 단계인 예류자도 되지 못한다.

마지막으로 강조하고 싶은 것은 마음, 즉 알음알이는 단지 오온 가운데 하나일 뿐이라는 점이다. 마음, 혹은 알음알이를 절대화하여 마음을 창조주나 절대자로 만들어서는 안 된다. 간혹 마음 깨쳐 성불見性成佛한다거나 마음이 곧 부처心卽是佛라거나 일체는 마음이 만들어 낸 것一切唯心造이라고 하며 무상하기 짝이 없는 마음을 유일신 이상으로 절대화하는 분들이 있다. 물론 이러한 가르침을 나의 외부 저 밖에 창조주라거나 절대자라거나 하는 어떤 존재가 없다는 것을 강조하는 가르침으로 받아들이면 문제는 없어 보인다. 그러나 마음을 절대화하여 마음이 우주의 모든 것을 만들어내는 창조주나 절대자인 양 받아들여 버린다면 이것은 큰 문제라 아니할 수 없다.

마음을 절대화하면 결코 안 된다. 마음을 절대화하면 그것은 즉시 외도의 자아이론에 떨어지고 만다. 초기불전 그 어디에도 마음을 절대화하고 실체화하는 가르침은 나타나지 않는다. 오히려 초기불전 도처에서 마음은 실체가 없다고 알고 궁극적 행복인 열반을 실현할 것을 고구정녕하게 설하고 있다.

한국불교도 이제는 더 이상 마음을 절대화하거나 실체화하는 데 매달리지 말고 오히려 마음의 실체 없음無我을 사무치게 새겨서 부처님이

분명하게 드러내신 열반의 행복을 실현하려고 노력해야 한다고 감히 제
언한다.

> " 마음은 오온 가운데 하나일 뿐이다.
> 마음을 절대화하면 결코 안 된다.
> 마음을 절대화해 버리면
> 자아가 있다는 견해, 즉 유신견에 떨어진다. "

오온⑦ : 오온은 순차적으로 발생하지 않는다

앞에서 물질, 느낌, 인식, 심리현상들, 알음알이의 다섯 가지 무더기에 대해서 개별적으로 살펴보았다. 오온의 가르침의 특징을 종합적으로 살펴보면 다음과 같다.

첫째, 오온은 순차적으로 발생하지 않는다. 오온을 순서에 따라 개별적으로 살펴보았다고 해서 오온이 순차적으로 발생한다고 이해하면 안 된다. 오온은 동시 발생이다. 불자들 가운데는 놀랍게도 오온이 순차적으로 발생한다고 주장하는 분들이 의외로 많다. 즉 대상色을, 받아들이고 난 뒤에受, 그것을 인식하거나 생각하고想, 그 다음에 이를 토대로 의도적 행위를 일으키고行, 이것이 식에 저장된다識는 얼토당토않은 설명을 하는 분들을 많이 본다.

분명히 말하자면 오온은 절대로 순차적으로 하나씩 발생하는 것이 아니라 동시생기同時生起한다. 오온은 매 순간 모두 함께 일어나고 함께 멸한다. 이것은 남방 아비담마, 북방 아비달마와 대승 아비달마인 유식에

서는 상식이다. 물론 특정 순간에 오온 가운데 특정한 하나, 혹은 몇몇
이 더 강력하게 된다. 예를 들면 꽃을 볼 때는 느낌受이 강할 것이고, 대
상을 무엇이라고 인식할 때는 인식想이 더 강할 것이며, 갖고자 하는 욕
망이 일어날 때는 탐욕이라는 심리현상行이 더 강할 것이다.

느낌·인식·심리현상들은 아비담마와 유식에서 공히 마음부수心所法,
즉 마음과 함께 일어나고 멸하는 마음에 부속된 심리현상으로 설명하고
있다. 마음, 즉 알음알이가 일어날 때 함께 일어나고 함께 멸하기 때문에
마음부수라고 부르는 것이다. 오온이라는 불교의 가장 중요한 법수를
순차적으로 일어나는 것으로 잘못 이해하면 그때부터 불교가 아주 혼란
스럽게 된다고 강조하고 싶다.

둘째, 진아眞我는 없다. 오온은 '나는 무엇인가'에 대한 부처님의 대답
이다. 영원불변하는 나를 찾아서 온갖 노력을 다해 봐도 그것은 얻어지
는 것이 아니다. 불자라면 나는 무엇인가에 대해 서슴없이 오온이라고
답할 줄 알아야 하고 나를 오온으로 해체해서 살펴보아야 한다.

모든 불교에서 오온은 실체가 없는 것이다. 나라는 존재를 오온으로
해체해서 보면 무상과 고와 무아가 극명하게 드러나고, 여기에 사무치면
존재에 넌더리 치고, 탐욕이 남김없이 빛바래고, 그래서 해탈하고, 구경
해탈지가 일어나고 열반을 실현하게 된다는 것이 초기불전의 도처에서
부처님이 강조하고 계신 가르침이다.

셋째, 나를 오온으로 해체해서 보면 나라는 존재는 단지 개념에 지나
지 않음을 알 수 있다. 이러한 개념적 존재를 빤냣띠paññatti 施設라고 한
다. 빤냣띠는 실체가 없다. 사람이니 남자니 여자니 자아니 인간이니 중

74

생이니 영혼이니 자동차니 컴퓨터니 산이니 강이니 등으로 우리가 이름
지어 알고 있는 것은 모두 개념적 존재일 뿐이다. 초기불교에서 이런 개
념적 존재를 법으로 해체해서 보는 것은 법들의 무상과 고와 무아를 밝
히기 위해서이다.

모든 유위법有爲法들은 무상·고·무아라는 보편적 특징共相으로부터
벗어날 수 없다. 법의 고유성질을 드러내는 최소 단위인 찰나도 일어남,
머묾, 무너짐의 세 부분으로 이루어져 있으므로 찰나도 흐름일 뿐이다.
따라서 초기불교는 법유法有를 주장하는 것이 아니라 법공法空을 논리적
으로 드러내고 있다고 해야 한다.

이처럼 초기불교와 아비담마는 존재를 해체하고 분석해서 제법의 무
아를 천명한다. 이러한 분석적인 방법 없이 직관만으로 제법무아를 천
명하기는 어렵다. 분석적인 방법론이 바탕이 될 때 직관적인 반야중관
의 입장이 더 명확하게 드러난다고 생각한다. 분석적이고 해체적인 방법
은 최종적으로 직관으로 귀결된다. 무상·고·무아를 통한 염오−이욕−
해탈−구경해탈지는 통찰과 직관의 문제이지 분석만으로는 가능하지
않기 때문이다. 분석과 직관이 서로를 보완하고 견제할 때 그것이 진정
한 중도적 입장일 것이다.

> " 영원불변하는 나를 찾아 온갖 노력을 다해 봐도
> 그것은 얻어지는 것이 아니다.
> 불자라면 '나는 무엇인가'에 대해
> 서슴없이 오온이라고 답할 줄 알아야 한다. "

제3장 세상이란 무엇인가

12처①: 열두 가지 감각장소

인간이 가지는 가장 근원적인 의문은 '나는 무엇인가'와 '세상이란 무엇인가'라는 것이다. 이 두 가지 문제에 대해 삼계의 큰 스승이신 부처님께서는 분명한 답을 제시하셨다. 오온이 '나는 무엇인가'에 대한 부처님의 해답이라면 12처āyatana 處의 가르침은 '세상이란 무엇인가, 존재란 무엇인가, 일체란 무엇인가?'에 대한 부처님의 해답이다. 그러므로 오온은 불교의 인간관이며 12처는 불교의 세계관이다.

「일체경」(S35:23)에서는 안의 감각장소六內處와 밖의 감각장소六外處로 구성된 12처야말로 일체一切라고 정의하고 있으며, 이 12가지 외에 다른 일체는 세울 수 없다고 강조한다. 「세상경」(S35:82) 등에서는 이 12가지야말로 세상 그 자체라고 설하고 있다. 그 외의 세상이니 일체니 하는 것은 다 개념적 존재일 뿐이다.

여기서 안內은 눈眼·귀耳·코鼻·혀舌·몸身·마노意의 여섯 가지 안의 감각장소, 혹은 감각기관을 지칭하는 술어이고, 반대로 밖外은 형색色·소리聲·냄새香·맛味·감촉觸·법法의 여섯 가지 밖의 감각장소, 혹은 감각대상을 지칭하는 술어이다.『상윳따 니까야』의「육처 상윳따」등에 의하면 12처와 6처와 6내외처는 모두 같은 내용을 지칭하는 동의어이다(S35).

12처로 옮긴 원어는 드와다사 아야따나dvadasa āyatana인데, 이것은 12를 뜻하는 드와다사dvadasa와 장소를 뜻하는 아야따나āyatana가 합성된 술어이다. 아야따나는 불교 이전부터 인도 바라문교의 제의서祭儀書 문헌에 많이 나타나는 단어로 주로 제사 지내는 장소나 동물들의 서식지를 뜻한다.『청정도론』에 의하면 아야따나에는 머무는 장소, 광산, 만나는 장소, 출산지, 원인의 다섯 가지 의미가 있다(Vis.XV.5~7).

중국에서는 '이쪽으로 온다'는 문자적인 의미를 중시하여 아야따나를 입入으로 번역하기도 하였고, 장소의 의미로 쓰이므로 처處라고 옮기기도 하였다. 예를 들면 12연기의 다섯 번째 구성요소는 육입六入으로 옮겼으며, 눈의 감각장소眼處 등과 형색의 감각장소色處 등의 12처와, 공무변처空無邊處부터 비상비비상처非想非非想處까지의 4처는 처處로 옮겼다.

부처님께서는 12처의 가르침을 통해서 세상, 혹은 존재하는 모든 것은 안과 밖이 만나는 것, 즉 눈과 형색이, 귀와 소리가, 코와 냄새가, 혀와 맛이, 몸과 감촉이, 마노와 법이 만나는 것을 떠나서는 존재할 수 없다는 것을 강조하고 계신다. 세상이니 존재니 일체니 하는 것도 결국 '나'의 문제를 떠나서는, '나'라는 조건을 떠나서는 아무 의미가 없다는 말씀이기도 하다.

이처럼 세상이나 일체라는 개념적 존재를 12가지 법, 즉 눈·귀·코·혀·몸·마노의 여섯 가지 안의 감각장소와 형색·소리·냄새·맛·감촉·

법의 여섯 가지 밖의 감각장소로 해체해서 보면 무상·고·무아가 극명하게 드러나고 이를 통해 염오 – 이욕 – 해탈 – 구경해탈지를 완성해서 궁극적 행복인 열반을 실현한다는 것이 12처 가르침의 핵심이다.

> " 부처님께서는 12처야말로 일체, 즉 세상이며
> 그 외에 다른 일체는 세울 수 없다고 강조하신다.
> 세상, 혹은 존재하는 모든 것은
> 여섯 가지 안의 감각장소와 여섯 가지 밖의 감각장소가
> 만나는 것을 떠나서는 존재할 수 없다. "

12처②: 12처가 곧 일체이다

12처, 혹은 육처의 가르침의 중요성을 살펴보자. 무엇보다 12처는 존재하는 모든 것, 즉 일체一切에 대한 부처님의 명쾌한 대답이라는 점을 들어야 한다. 12처의 가르침은 세상을 눈·귀·코·혀·몸·마노의 육내처六內處와 형색·소리·냄새·맛·감촉·법의 육외처六外處로 해체해서 설하신 것으로 부처님께서는 이것이야말로 존재하는 모든 것이고 이 이외의 일체란 없다고 단호하게 말씀하신다.

「육처 상윳따」의 여러 경들에서 부처님께서는 육내외처, 즉 12처가 바로 일체이지 다른 일체란 없다고 다음과 같이 강조하신다.

"비구들이여, 그러면 무엇이 일체인가? 눈과 형색, 귀와 소리, 코와 냄새, 혀와 맛, 몸과 감촉, 마노와 〔마노의 대상인〕법-이를 일러 일체라 한다. 비구들이여, 어떤 사람이 말하기를, '나는 이런 일체를 버리고 다른 일체를 천명할 것이다'라고

한다면 그것은 단지 말로만 떠벌리는 것일 뿐이다. 만일 질문을
받으면 대답하지 못할 뿐만 아니라 나아가서 더 큰 곤경에 처하
게 될 것이다. 그것은 무슨 이유 때문인가? 비구들이여, 그것은
그들의 영역을 벗어났기 때문이다."

「일체경」(S35:23)

이처럼 부처님께서는 12처의 가르침을 통해서 일체 존재와 세상을 안
과 밖의 감각장소로 해체해서 간단명료하게 제시하신다.

부처님께서는 왜 세상을 12처로 해체해서 설하셨는가? 오온의 경우
와 마찬가지로 무상·고·무아를 극명하게 드러내기 위해서이다. 세상이
라든지 일체라고 하면 고정불변하고 영원한 세상이나 절대적 존재로서
의 일체가 존재하는 것처럼 착각을 해서 세상이나 일체에 집착하게 된
다. 그러나 세상을 안·이·비·설·신·의와 색·성·향·미·촉·법의 열두
가지로 해체해서 보면 세상의 무상·고·무아가 극명하게 드러나게 된다.
눈도 무상한 것이요, 눈의 대상인 형색도 무상한 것으로 분명하게 알 수
있기 때문이다.

무상이나 고나 무아를 보게 되면 결국은 염오－이욕－해탈－구경해
탈지가 성취되어서 해탈·열반을 실현하게 된다. 이것은 '나'라는 존재를
오온으로 해체해서 보면 무상·고·무아를 통해 염오－이욕－해탈－구
경해탈지가 극명하게 드러나는 것과 같은 이치이다. 그래서 초기불전의
도처에서 이렇게 강조한다.

"비구들이여, 눈은 무상하다. … 괴로움이다. … 무아다. … 마노意는 무상하다. … 괴로움이다. … 무아다. 비구들이여, 이렇게 보는 잘 배운 성스러운 제자는 눈에 대해서도 염오하고 … 마노意에 대해서도 염오한다. 염오하면서 탐욕이 빛바래고, 탐욕이 빛바래기 때문에 해탈한다. 해탈하면 해탈했다는 지혜가 있다. '태어남은 다했다. 청정범행은 성취되었다. 할 일을 다 해 마쳤다. 다시는 어떤 존재로도 돌아오지 않을 것이다'라고 꿰뚫어 안다."

「안의 감각장소들의 무상 경」(S35:222~224)

뭉쳐 두면 세상과 일체라는 개념에 속고 12처라는 법으로 해체하면 깨닫는다. 세상과 일체를 12처로 해체해서 볼 수 있어야 그가 진정한 부처님 제자이다.

" 세상을 안·이·비·설·신·의와 색·성·향·미·촉·법의
열두 가지로 해체해서 보면
세상의 무상·고·무아가 극명하게 드러나게 된다. "

18계: 18가지 요소

18계dhātu 界의 가르침은 존재하는 모든 것을 여섯 가지 감각기능과 여섯 가지 대상과 여섯 가지 알음알이의 18가지로 분류한 것이다. 눈·귀·코·혀·몸·마노의 여섯 가지 감각기능根, 즉 안의 감각장소六內處가 형색·소리·냄새·맛·접촉·법의 여섯 가지 대상境, 즉 밖의 감각장소六外處와 만나면 반드시 이들에 관계된 알음알이識가 생겨난다. 즉 눈과 형색이 만나면 눈의 알음알이眼識가, 귀와 소리가 만나면 귀의 알음알이耳識가, 코와 냄새가 만나면 코의 알음알이鼻識가, 혀와 맛이 만나면 혀의 알음알이舌識가, 몸과 감촉이 만나면 몸의 알음알이身識가, 마노와 법이 만나면 마노의 알음알이意識가 발생한다. 이렇게 조건발생하는 여섯 가지 알음알이六識를 12처에 넣어서 18가지로 분류한 것이 바로 18가지 요소, 즉 18계의 가르침이다.

경에서는 18계를 다음과 같이 정의하고 있다.

"눈의 요소, 형색의 요소, 눈의 알음알이의 요소, 귀의 요소,
소리의 요소, 귀의 알음알이의 요소, 코의 요소, 냄새의 요소,
코의 알음알이의 요소, 혀의 요소, 맛의 요소, 혀의 알음알이
의 요소, 몸의 요소, 감촉의 요소, 몸의 알음알이의 요소, 마노
의 요소, 법의 요소, 마노의 알음알이의 요소이다."

「요소界경」(S14:1)

그러면 부처님께서는 왜 12처를 설하시고 다시 18계를 설하셨는가?
몇 가지 이유를 들 수 있겠지만 가장 중요한 것은 역시 마음을 절대화하
는 것을 강하게 금하기 위해서라고 해야 할 것이다. 18계의 가르침은 마
음, 혹은 알음알이란 절대적인 것이 아니라 안의 감각장소와 밖의 감각
장소, 즉 대상이 만나서 생기는 조건발생이요, 찰나적인 흐름일 뿐이라
는 것을 극명하게 보여 주기 때문이다. 여기서 '조건발생'은 불교의 근본
가르침인 연기緣起를 풀어서 옮긴 것이다.

부처님께서는 세상의 일어남과 사라짐, 즉 발생과 소멸을 이렇게 말씀
하신다.

"비구들이여, 그러면 무엇이 세상의 일어남인가? 눈과 형색
을 조건으로 눈의 알음알이가 일어난다. … 귀와 소리를 조건
으로 … 코와 냄새를 조건으로 … 혀와 맛을 조건으로 … 몸과
감촉을 조건으로 … 마노와 법을 조건으로 마노의 알음알이가
일어난다. 이 셋의 화합이 감각접촉이다. 감각접촉을 조건으로

느낌이, 느낌을 조건으로 갈애가, 갈애를 조건으로 취착이, 취
착을 조건으로 존재가, 존재를 조건으로 태어남이, 태어남을
조건으로 늙음·죽음과 근심·탄식·육체적 고통·정신적 고통·
절망이 생긴다. 비구들이여, 이것이 세상의 일어남이다."

「세상경」(S35:107)

그리고 같은 방법으로 세상의 사라짐도 설하신다. 이처럼 초기불전은
도처에서 세상은 안의 감각장소와 밖의 감각장소인 대상이 만나서 생기
는 알음알이를 토대로 한 조건발생일 뿐임을 강조하고 있다. 안의 감각장
소와 밖의 감각장소가 없는 독자적인 마음, 혹은 알음알이란 결코 존재
할 수 없음을 18계의 가르침은 명명백백하게 보여 주고 있다. 그래서 주
석서에서는 18계는 "모든 법들이 중생이니 영혼이니 하는 실체가 없고
공함을 드러내기 위해서 붙여진 이름"(SA.ii.131)이라고 설명하고 있다.

" 18계의 가르침은
마음, 혹은 알음알이란 절대적인 것이 아니라
안의 감각장소와 밖의 감각장소가
만나서 생기는 조건발생이요,
찰나적인 흐름일 뿐임을 보여 준다. "

22근: 인간이 가진 22가지 능력

22근은 인간이라는 존재를 인간이 가진 기능이나 능력의 측면에서 본 것이다. 인간에게는 독특한 능력이나 고유한 기능이 있다. 예를 들면 보는 것, 느끼는 것, 생각하는 것, 열반의 실현 등은 굉장한 능력이다. 초기불전에서 부처님께서는 인간이 가진 이러한 능력이나 기능을 모두 22가지 기능indriya 根으로 정리해서 말씀하셨다. 이러한 기능들은 특히 『상윳따 니까야』 「기능 상윳따」에 178개의 경으로 나타나고 있다.

22가지 기능은 ①눈의 기능眼根 ②귀의 기능耳根 ③코의 기능鼻根 ④혀의 기능舌根 ⑤몸의 기능身根 ⑥마음의 기능意根 ⑦여자의 기능女根 ⑧남자의 기능男根 ⑨생명기능命根 ⑩육체적 즐거움의 기능樂根 ⑪육체적 괴로움의 기능苦根 ⑫정신적 즐거움의 기능喜根 ⑬정신적 괴로움의 기능憂根 ⑭평온의 기능捨根 ⑮믿음의 기능信根 ⑯정진의 기능精進根 ⑰마음챙김의 기능念根 ⑱삼매의 기능定根 ⑲통찰지의 기능慧根 ⑳구경의 지혜를 가지려는 기능未知當知根 ㉑구경의 지혜의 기능已知根 ㉒구경의 지혜를 구족한 기능具知根이다.

'기능'으로 옮긴 원어는 인드리야indriya인데 여기서 인드라는 인도의 베다 문헌과 불교 문헌 등에 많이 등장하는 신들의 왕인 인드라Indra를 말한다. 중국에서는 제석帝釋 등으로 정착이 되어 우리에게도 잘 알려졌다. 지배력의 상징인 인드라처럼 '지배력을 가진 것'이라는 의미로 정착된 것이 인드리야, 즉 기능이다. 그래서 22가지 기능들은 각각의 영역에서 이들과 관계된 법들을 지배하는 정신적인 현상을 뜻한다.

위에서 열거한 22가지 기능은 ①여섯 가지 감각기능 ②세 가지 특수한 기능 ③다섯 가지 느낌 ④해탈·열반을 성취하기 위한 다섯 가지 기능 ⑤여덟 단계의 성자들이 가지는 세 가지 기능의 다섯 부분으로 구성되어 있다.

이들에 대해서 간단하게 살펴보자.

①여섯 가지 감각기능: 눈만이 볼 수 있고 귀만이 들을 수 있듯이 눈·귀·코·혀·몸·마음 등의 여섯 가지 감각기능들六根은 각각 고유한 능력과 기능과 기량을 가진다. 그래서 눈, 귀 등은 안근眼根, 이근耳根 등의 기능으로 불리는 것이다.

②세 가지 특수한 기능: 여자의 기능女根은 여자의 상태, 즉 여자의 외관상의 표시, 속성, 활동, 자세 등 여자됨에 대한 통제를 하는 것을 말하고, 남자의 기능男根은 남자의 상태, 즉 남자의 외관상의 표시, 속성, 활동, 자세 등 남자됨에 대한 통제를 하는 것을 말한다. 생명기능命根은 함께 생겨난 정신과 물질들을 지탱하는 기능을 말한다.

③다섯 가지 느낌: 느낌도 독특한 능력을 가진다. 느낌은 경전에서 즐거운 느낌樂受, 괴로운 느낌苦受, 괴롭지도 즐겁지도 않은 느낌不苦不樂受의

셋으로 분류되는데, 기능의 측면에서는 정신적인 것과 육체적인 것으로 구분하여 육체적 즐거움의 기능樂根, 육체적 괴로움의 기능苦根, 정신적 즐거움의 기능喜根, 정신적 괴로움의 기능憂根, 평온의 기능捨根의 다섯 가지를 들고 있다.

④해탈·열반을 성취하기 위한 다섯 가지 기능: 해탈 열반을 성취하기 위한 기능으로 믿음의 기능信根, 정진의 기능精進根, 마음챙김의 기능念根, 삼매의 기능定根, 통찰지의 기능慧根의 다섯 가지가 있다.

⑤여덟 단계의 성자들이 가지는 세 가지 기능: 여기서 특별히 주목할 것은 예류도부터 아라한과까지의 여덟 단계의 성자들이 가지는 기능인데, 그것은 구경의 지혜를 가지려는 기능未知當知根, 구경의 지혜의 기능已知根, 구경의 지혜를 구족한 기능具知根의 세 가지 능력이다. 여기서 구경의 지혜를 가지려는 기능은 예류도의 순간에 일어난 기능이고, 구경의 지혜의 기능은 그렇게 법을 안 자들에게 속하는 예류과로부터 아라한도까지의 여섯 경우에 일어난 기능이며, 구경의 지혜를 구족한 자의 기능은 구경의 지혜를 구족한 아라한과를 실현한 성자에게 일어난 기능이다.

이러한 22가지 기능이 다 중요하지만 37보리분법에는 믿음, 정진, 마음챙김, 삼매, 통찰지의 다섯 가지 기능五根과 이와 같은 다섯 가지가 힘으로 표현되고 있는 다섯 가지 힘五力만 포함되어 나타난다. 다섯 가지 기능에 대해서는 뒤에서 자세히 살펴볼 것이다.

" 부처님께서는 인간이 가진 능력이나 기능을

22가지 기능으로 말씀하셨다.

22가지 기능들은

각각의 영역에서 이들과 관련된 법들을 지배하는

정신적인 현상을 뜻한다."

해탈·열반에 이르는 여섯 단계의 가르침

앞에서 오온과 12처와 18계에 대해서 살펴보았다. 오온은 '나'를 물질·느낌·인식·심리현상들·알음알이의 다섯으로 해체해서 설한 것이요, 12처는 '세상'을 눈·귀·코·혀·몸·마노와 형색·소리·냄새·맛·감촉·법의 12가지로 해체해서 설한 것이며, 18계는 12처 중에서 마노를 다시 눈의 알음알이, 귀의 알음알이, 코의 알음알이, 혀의 알음알이, 몸의 알음알이, 마노의 알음알이 등으로 해체해서 18가지로 설한 불교의 기본 가르침이다.

그러면 왜 해체를 강조하는가? 해체해서 보아야만 해탈·열반을 실현할 수 있기 때문이다. 해체를 통해서 해탈·열반을 실현하는 방법은 초기불전 도처에서 강조하고 있는데, 이를 정리하면 다음의 여섯 단계가 된다. ①온·처·계로 해체해서 보기 ②무상·고·무아의 철견 ③염오nibbidā 厭惡 ④이욕virāga 離慾 ⑤해탈vimutti 解脫 ⑥구경해탈지 vimuttamiti ñāṇa 究竟解脫智이다. 이 여섯 단계를 조금 더 자세히 살펴보자.

첫째, 부처님께서는 '나'라는 존재나 '세상'이라는 존재 등의 존재 일반을 온·처·계 등의 법으로 해체해서 설하신다. 그러면 왜 법으로 해체해서 설하시는가? 이렇게 법들로 해체해서 보아야 법들의 무상·고·무아가 보이기 때문이다.

둘째, 해체해서 드러나는 이러한 법들의 무상·고·무아는 해탈·열반을 실현하는 두 번째 단계이다. 개념적 존재로 뭉뚱그려 두면 무상·고·무아는 보이지 않는다. 예를 들어 '나'라는 존재를 자아니 진아니 중생이니 하는 개념적 존재로 그대로 두고 보면 영원불변하는 자아 등이 있는 것으로 보이지만 이들을 색·수·상·행·식의 오온으로 해체해서 보면 무상·고·무아가 분명하게 드러난다.

어떤 법이든 유위법들은 모두 이 무상·고·무아라는 세 가지 공통되는 성질ti-lakkhaṇa 三特相을 가진다는 것이 초기불교와 아비담마의 특징이다. 그래서 『법구경』에서는 "모든 형성된 것은 무상하다諸行無常, 모든 형성된 것은 괴로움이다諸行皆苦, 모든 법들은 무아이다諸法無我"(Dhp. 277~279)라고 강조하고 있다.

이러한 법들의 무상·고·무아를 아비담마나 북방 아비달마에서는 보편적 특징sāmañña-lakkhaṇa이라고 부르고, 중국에서는 공상共相으로 옮겼다. 이렇게 제법의 보편적 성질, 즉 공상인 무상·고·무아를 봄으로써 해탈·열반을 실현한다는 것이 모든 불교사 흐름의 공통되는 입장이다.

셋째, 이렇게 무상·고·무아를 봄으로써 존재 일반에 염오하게 된다. 그래서 "비구들이여, 이와 같이 보는 잘 배운 성스러운 제자는 물질에 대해서도 염오하고 느낌에 대해서도 염오하고 인식에 대해서도 염오하고 심리현상들에 대해서도 염오하고 알음알이에 대해서도 염오한다 …” (S22:59)라고 초기불전의 도처에 나타나고, 주석서는 이 염오를 강한 위빳사나와 동의어라고 설명하고 있다(MA.ii.115).

넷째, 염오가 일어나면 탐욕이 빛바랜다. 주석서는 “탐욕의 빛바램이란 도magga 道, 즉 예류도, 일래도, 불환도, 아라한도를 말한다”(MA. ii.115)라고 설명하고 있다.

다섯째, 탐욕이 빛바래므로 해탈한다. 주석서는 이것을 과phala 果, 즉 예류과, 일래과, 불환과, 아라한과의 경지라고 설명한다(MA.ii.115).

여섯째, 해탈하면 해탈했다는 지혜, 즉 구경해탈지가 일어난다. 그래서 초기불전은 염오부터 구경해탈지까지를 다음과 같이 정형화하고 있다.

> “이와 같이 보는 잘 배운 성스러운 제자는 물질에 대해서도 염오하고, … 염오하면서 탐욕이 빛바래고, 탐욕이 빛바래기 때문에 해탈한다. 해탈하면 해탈했다는 지혜가 있다. ‘태어남은 다했다. 청정범행은 성취되었다. 할 일을 다 해 마쳤다. 다시는 어떤 존재로도 돌아오지 않을 것이다’라고 꿰뚫어 안다.”
>
> 「무아의 특징 경」(S22:59) 등

해탈·열반을 실현하는 이러한 여섯 단계는 초기불전의 중심되는 가르침으로 튼튼히 자리 잡고 있다. 후대의 불교들도 강조점에는 차이가

나지만 모두 이런 체계를 받아들여 잘 계승하고 있다.

> " 해탈 열반을 실현하는 여섯 단계의 가르침은
> 온·처·계로 해체해서 보기−무상·고·무아의 철견−
> 염오−이욕−해탈−구경해탈지이다. "

제4장 진리란 무엇인가

사성제①: 네 가지 성스러운 진리

　세상의 모든 철학과 사상과 종교는 진리를 표방한다. 불교도 당연히 진리를 표방한다. 불교에서는 진리는 넷이라고 강조하는데 이것을 '네 가지 성스러운 진리四聖諦'라고 한다. 네 가지 성스러운 진리의 원어는 짯따리 아리야 삿짜니cattari ariya-saccāni이며, 영어로는 *four noble truths*로 정착되었다.

　여기서 주목해야 할 점은 '성스러운'으로 번역되는 아리야ariya라는 술어이다. 아리야는 초기불교 교학의 주제인 5온, 12처, 18계, 22근, 4제, 12연기의 여섯 가지 가운데서는 오직 4제에만 붙어서 4성제四聖諦로 나타나며, 초기불교의 수행의 주제인 37보리분법, 즉 4념처, 4정근, 4여의족, 5근, 5력, 7각지, 8정도 가운데서는 팔정도, 즉 8지성도八支聖道에만 붙어서 나타난다. 4성제 중 도성제道聖諦의 내용이 팔정도이기 때문에 팔정도도 결국은 4성제로 귀결이 된다. 이처럼 네 가지 진리, 즉 사성제야말로 가장 성스럽고 고귀한 가르침이라고 해서 '아리야'를 붙여 성스러운 진리로 부르는 것이다.

사리뿟따 존자는 모든 부처님의 가르침은 사성제로 귀결이 됨을 다음과 같이 역설하고 있다.

> "도반들이여, 예를 들면 움직이는 생명들의 발자국은 그 어떤 것이든 모두 코끼리 발자국 안에 놓이고, 또한 코끼리 발자국이야말로 그들 가운데 최상이라고 불리나니 그것은 큰 치수 때문입니다. 도반들이여, 유익한 법善法은 그 어떤 것이든 모두 네 가지 성스러운 진리四聖諦에 내포됩니다."
>
> 「코끼리 발자국 비유 경」(M28)

초기불전에 나타나고 있는 네 가지 성스러운 진리를 직역하면 다음과 같다.

①괴로움의 성스러운 진리dukkha ariya-sacca 苦聖諦

②괴로움의 일어남의 성스러운 진리dukkha-samudaya ariya-sacca 苦集聖諦

③괴로움의 소멸의 성스러운 진리dukkha-nirodha ariya-sacca 苦滅聖諦

④괴로움의 소멸로 인도하는 도닦음의 성스러운 진리dukkha-nirodha-gāmini-paṭipadā ariya-sacca 苦滅道聖諦

여기서 보듯이 니까야에서 네 가지 진리는 모두 괴로움이라는 현실을 바탕으로 하고 있다. 그래서 '괴로움'이라는 술어가 네 가지 진리에 모두 포함되어서 각각 고성제, 고집성제, 고멸성제, 고멸도성제로 정형화되고 있다. 아함에서도 대부분 고집성제, 고멸성제, 고멸도성제로 고를 포함하여 번역하였다. 그러나 반야부 등의 대승경전에는 고를 뺀 집성제, 멸성제, 도성제라는 표현이 훨씬 더 많고, 후대로 오면 '성'자를 빼고 고제,

집제, 멸제, 도제로 축약되어 표현되기도 한다.

사성제는 부처님 가르침을 주제별로 모은 『상윳따 니까야』의 대미를 장식하고 있는 「진리 상윳따」의 근본주제이다. 여기에는 131개의 경들이 포함되어 있는데, 삼매를 닦는 이유는 사성제를 꿰뚫기 위해서이며 (S56:1), 출가자가 되는 이유도 사성제를 관통하기 위해서라고 강조하고 있다(S56:3~4). 그뿐만 아니라 사색을 할 때도, 말을 할 때도 항상 사성제를 사색하고 사성제에 대해서 말해야 한다(S56:8). 그리고 사성제를 완전하게 깨달았기 때문에 여래, 아라한, 정등각자라고 부르며(S56:23), 사성제를 알고 보기 때문에 번뇌가 멸진한다고 강조한다(S56:25). 이처럼 「진리 상윳따」의 여러 경들은 사성제의 중요성을 역설하고 있다.

부처님께서는 왜 자신이 깨달은 사람인가 하는 것을 이렇게 밝히신다.

> 나는 알아야 할 바〔고성제〕를 알았고
> 닦아야 할 바〔도성제〕를 닦았고
> 버려야 할 것〔집성제〕을 버렸다.
> 바라문이여, 그래서 나는 붓다, 깨달은 사람이다.
>
> 『숫따니빠따』(Sn.558)

"모든 부처님의 가르침은 사성제로 귀결된다.
사성제를 완전하게 깨달았기 때문에
여래, 아라한, 정등각자라고 부르며
사성제를 알고 보기 때문에 번뇌가 멸진한다."

사성제②: 괴로움의 성스러운 진리

네 가지 성스러운 진리 가운데 첫 번째는 '괴로움의 성스러운 진리 dukkha ariya-sacca 苦聖諦'이다. 불교는 무위법無爲法인 열반을 제외한 모든 것, 즉 유위법有爲法을 괴로움이라고 파악한다. 이것은 부처님의 직관이 담긴 선언이다. 초기불전은 크게 두 가지 이유로 모든 형성된 것, 즉 유위법이 괴로움諸行皆苦임을 선언한다. 첫째, 세상에는 네 가지 괴로움과 여덟 가지 괴로움, 즉 4고 8고四苦八苦가 있기 때문이요, 둘째, 존재하는 모든 것에는 괴로움의 세 가지 성질三苦性이 있기 때문이다.

첫째, 니까야의 여러 경들은 4고 8고를 다음과 같이 정의한다.

"비구들이여, 이것이 괴로움의 성스러운 진리苦聖諦이다. 태어남도 괴로움이다. 늙음도 괴로움이다. 병도 괴로움이다. 죽음도 괴로움이다. … 싫어하는 대상들과 만나는 것도 괴로움이다. 좋아하는 대상들과 헤어지는 것도 괴로움이다. 원하는 것

을 얻지 못하는 것도 괴로움이다. 요컨대 취착의 대상이 되는
다섯 가지 무더기五取蘊 자체가 괴로움이다."

「초전법륜경」(S56:11)

이 경에서 보듯이 4고는 생·노·병·사의 넷이다. 8고는 이 4고에 애별
리고愛別離苦, 원증회고怨憎會苦, 구부득고求不得苦, 오취온고五取蘊苦의 넷을
더한 것이다. 4고 8고의 결론은 오취온고五取蘊苦이다. '나'라는 존재는 오
온으로 구성되어 있고 중생은 이런 오온을 '나'라고, '내 것'이라고 취착하
기 때문에 이 취착의 대상이 되는 오취온으로 구성된 우리의 삶 자체가
괴로움일 수밖에 없다는 것이다. 4고 8고를 정리하면 생사 문제가 된다.
나고 죽음이 있기 때문에 괴로움이라는 것이다.

둘째, 초기불전의 몇 군데에서는 괴로움의 세 가지 성질三苦性로 존재
가 괴로움임을 설명하고 있다.

"도반 사리뿟따여, '괴로움, 괴로움'이라고들 합니다. 도반이
여, 도대체 어떤 것이 괴로움입니까?"
"도반이여, 세 가지 괴로움의 성질苦性이 있습니다. 그것은 고
통스런 괴로움의 성질苦苦性, 형성된 괴로움의 성질行苦性, 변화
에 기인한 괴로움의 성질壞苦性입니다. 도반이여, 이러한 세 가
지 괴로움의 성질이 있습니다."

「괴로움 경」(S38:14)

고통스런 괴로움의 성질苦苦性은 중생의 삶은 고통스럽기 때문에 괴로움이라는 뜻이며, 변화에 기인한 괴로움의 성질壞苦性은 아무리 큰 행복일지라도 끝내 변하고 말기 때문에 괴로움이라는 뜻이며, 형성된 괴로움의 성질行苦性은 본질적으로는 오온으로 형성되어 있는 것을 '나'라거나 '내 것'으로 취착하기 때문에 괴로움이라는 뜻이다. 이 세 가지는『청정도론』에 다음과 같이 설명되어 있다.

> ①육체적이고 정신적인 괴로운 느낌은 고유성질로서도, 이름에 따라서도 괴롭기 때문에 고통에 기인한 괴로움이라 한다. ②즐거운 느낌은 그것이 변할 때 괴로운 느낌이 일어날 원인이 되기 때문에 변화에 기인한 괴로움이라 한다. ③평온한 느낌과 나머지 삼계에 속하는 상카라들은 일어나고 사라짐에 압박되기 때문에 형성됨에 기인한 괴로움이라 한다.
>
> 『청정도론』(Vis. XVI.35)

여기서 형성된 괴로움이란 8고 중에서 오취온고와 같은 내용이다.

이처럼 열반을 제외한 모든 유위법들은 그 성질상 모두 괴로움일 수밖에 없다. 혹자는 불교는 괴로움을 말하기 때문에 염세적이라고 비판할지도 모른다. 만일 불교가 전적으로 괴로움만을 말한다면 당연히 그런 비판을 받아 마땅할 것이다. 그러나 불교가 이처럼 괴로움을 강조하는 것은 괴로움이 해결된 경지이며 궁극적 행복至福으로 표현되는 열반을 실현하는 것을 너무도 중시하기 때문이다.

존재 자체가 괴로움임에 사무치지 못하는 사람은 결코 해탈·열반의
행복을 실현할 수가 없다. 괴로움이라는 맨땅에 넘어진 사람은 이 괴로
움이라는 맨땅을 딛고서만 다시 일어설 수 있기 때문이다.

> "사성제의 첫 번째 진리인
> 괴로움의 성스러운 진리는 '오취온'을 뜻한다.
> 세상에는 4고와 8고가 있고
> 존재하는 모든 것은
> 세 가지 괴로움의 성질이 있기 때문이다."

사성제③: 괴로움의 일어남의 성스러운 진리

괴로움은 아무 원인도 없이 그냥 일어나는 것인가? 아니면 어떤 절대자가 있어서 존재를 괴롭도록 만드는 것인가? 만일 괴로움만 강조하고 괴로움의 원인을 설명하지 못하면 그것은 진리라고 할 수 없을 것이다. 그래서 사성제의 두 번째 진리는 이러한 괴로움이 왜 일어나는가, 괴로움의 원인은 무엇인가를 밝히는 진리이다. 이를 '괴로움의 일어남의 성스러운 진리dukkha-samudaya ariya-sacca 苦集聖諦'라고 한다. 여기서 '일어남'의 원어는 사무다야samudaya인데 일어남, 발생, 원인을 뜻하며 중국에서는 이를 집集으로 옮겼다.

부처님께서는 초기불전의 여러 곳에서 괴로움의 일어남, 즉 원인을 강조해서 말씀하고 계신다. 그것은 바로 갈애taṇhā 渴愛이다. 갈애로 옮긴 딴하taṇhā의 문자적인 의미는 '목마름'이다. 그래서 중국에서도 목마를 갈渴 자를 넣어 갈애渴愛로 옮겼으며, 영어로는 *craving*으로 정착이 되고 있다. 경전들은 다음과 같이 갈애를 정의한다.

"비구들이여, 이것이 괴로움의 일어남의 성스러운 진리苦集聖諦
이다. 그것은 바로 갈애이니, 다시 태어남을 가져오고 즐김과 탐
욕이 함께하며 여기저기서 즐기는 것이다. 즉 감각적 욕망에 대
한 갈애欲愛, 존재에 대한 갈애有愛, 존재하지 않음에 대한 갈애
無有愛가 그것이다."

「초전법륜경」(S56:11)

여기서 주목할 것은 갈애는 다시 태어남을 가져오는 근본원인이라고
부처님께서 설하신 것이다. 갈애가 근본원인이 되어 중생들은 끝 모를
생사윤회를 거듭한다. 물론 갈애만이 괴로움의 원인은 아니다. 무명과
성냄, 질투, 인색 등의 불선법들은 모두 괴로움의 원인이 되고 생사윤회
의 원인이 되지만 부처님께서는 갈애를 가장 대표적인 원인으로 들고 계
시는 것이다. 여기서 '즐김과 탐욕이 함께하며'라는 구절은 갈애가 즐김
과 탐욕과 의미로는 하나라는 뜻이다(DA.iii.799).

부처님께서는 갈애를 욕애kāma-taṇhā 欲愛, 유애bhava-taṇhā 有愛, 무
유애vibhava-taṇhā 無有愛의 셋으로 말씀하고 계신다. 욕애는 감각적 욕
망에 대한 갈애이다. 주석서는 욕애를 '다섯 가닥의 감각적 욕망에 대한
탐욕의 동의어'로 설명하고 있다(DA.iii.800). 즉 눈·귀·코·혀·몸의 다
섯 감각기관을 통해서 인식되는 대상에 대해서 생기는 탐욕을 욕애라고
하는데, 이는 욕계에 살고 있는 우리에게 매 순간 일어나고 있는 것이다.

유애는 색계와 무색계에 대한 갈애이다. 이는 '존재를 열망함에 의해
서 생긴 상견常見이 함께하는 것으로 색계 존재와 무색계 존재에 대한 탐

욕과 선禪을 갈망하는 것의 동의어'이다(DA.iii.800). 색계와 무색계는 선禪, 혹은 본삼매를 닦아서 태어나는 세상이다. 이처럼 선을 닦아서 태어나는 색계와 무색계 존재에 대한 탐욕과 이러한 곳에 태어나기 위해서 선수행과 삼매에 대한 강한 갈망을 일으키는 것을 유애라고 한다.

무유애는 존재하지 않음에 대한 갈애이다. 이는 '단견斷見이 함께하는 탐욕의 동의어'이다(DA.iii.800). 존재하는 것 자체에 염증을 느껴서 자살에 대한 충동을 일으키는 것 등을 무유애라 한다. 복잡다단한 삶과 존재의 관계에 대해서 염증과 절망을 일으키고 있는 현대인들에게는 이러한 무유애가 더욱 많은 것이 아닌가 생각해 본다. 그러나 무유애, 즉 존재하지 않음에 대한 갈애도 엄연히 갈애의 하나일 뿐이다.

어떤 종류의 갈애든 갈애가 있는 한 중생은 다시 태어난다. 진정으로 다시 태어나지 않고 싶으면 욕애·유애·무유애로 정리되는 갈애가 남김없이 소멸된 경지, 즉 열반을 실현해야만 한다.

> **❝** 사성제의 두 번째 진리인
> 괴로움의 일어남의 성스러운 진리는 '갈애'를 뜻한다.
> 부처님께서는 갈애를
> 생사윤회의 대표적 원인으로 들고 계신다.**❞**

사성제④: 괴로움의 소멸의 성스러운 진리

네 가지 성스러운 진리 가운데 세 번째는 '괴로움의 소멸의 성스러운 진리dukkha-nirodha ariya-sacca 苦滅聖諦'이다. 두 번째 진리인 괴로움의 일어남의 진리는 갈애이다. 갈애가 괴로움의 원인이라면 갈애를 제거하기만 하면 괴로움은 소멸된다는 결론에 도달한다. 이렇게 해서 괴로움의 소멸은 세 번째 진리가 되는데 이것은 모든 괴로움이 소멸된 열반의 경지를 말한다. 초기경전들과 주석서는 세 번째 진리를 이렇게 설하고 있다.

"비구들이여, 이것이 괴로움의 소멸의 성스러운 진리이다. 그것은 바로 그러한 갈애가 남김없이 빛바래어 소멸함, 버림, 놓아버림, 벗어남, 집착없음이다."

「초전법륜경」(S56:11)

여기서 '남김없이 빛바래어 소멸함'이라는 말 등은 모두 열반
의 동의어들이다. 열반을 얻으면 갈애는 남김없이 빛바래고 소
멸하기 때문이다.

『디가 니까야 주석서』(DA.iii.801)

초기불전에서 세 번째 진리인 소멸, 즉 니로다nirodha는 열반과 동의
어로 억압, 파괴 등의 뜻이다. 열반은 nibbāna의 음역인데 '훅 불어서 꺼
진 상태'를 뜻한다. 중국에서는 열반涅槃으로 음역하기도 하고 적정寂靜
으로 옮기기도 한다.

그러면 무엇이 무엇에 의해서 불어서 꺼진 것인가? 사리뿟따 존자는
다음과 같이 명쾌하게 설명한다.

"도반 사리뿟따여, '열반, 열반'이라고들 합니다. 도반이여,
도대체 어떤 것이 열반입니까?"
"도반이여, 탐욕의 멸진, 성냄의 멸진, 어리석음의 멸진-이
를 일러 열반이라 합니다."

「열반경」(S38:1)

여기서 보듯이 팔정도 등의 수행에 의해서 탐욕과 성냄과 어리석음이
라는 삼독이 완전히 불어서 꺼진 상태가 열반이다. 주석서의 논의를 종
합하면 열반은 출세간도lokuttara-magga 出世間道를 체험하는 순간에 체
득되는 '조건 지어지지 않은 상태'를 뜻한다. 이러한 조건 지어지지 않은

상태를 체득하는 순간에 번뇌가 소멸하기 때문에 열반은 '탐욕의 소멸, 성냄의 소멸, 어리석음의 소멸'이라고 불리는 것이지 단순히 탐욕과 성냄과 어리석음이 없는 상태로 쇠약해지고 무기력해진 것이 열반은 아니다(SA.ii.88).

초기불교의 궁극적인 메시지는 열반이다. 열반은 한마디로 말하면 버려서 실현된다. 열반은 탐진치로 대표되는 삶에 대한 의미 부여가 멸진되어야 드러나는 것이다. 우리는 부처님 제자이다. 부처님께서 탐진치가 넘실대는 세속에 넌더리 치고 열반을 실현하라고 말씀하셨으면 그렇게 하려고 노력하는 것이 바른 제자 아니겠는가?

> " 사성제의 세 번째 진리인
> 괴로움의 소멸의 성스러운 진리는 '열반'을 말한다.
> 괴로움의 원인인 갈애를 제거하면
> 모든 괴로움이 소멸된 열반의 경지에 이른다. "

사성제⑤: 괴로움의 소멸로 인도하는 도닦음의 성스러운 진리

네 가지 성스러운 진리 가운데 마지막은 '괴로움의 소멸로 인도하는 도닦음의 성스러운 진리dukkha-nirodha-gāmini-paṭipadā ariya-sacca 苦滅道聖諦'이다. 이것은 도성제로 잘 알려져 있다. 앞에서 세 번째 진리인 괴로움의 소멸의 성스러운 진리苦滅聖諦는 열반이고, 부처님께서는 열반이야말로 궁극적인 행복이라고 강조하셨다. 그러면 열반은 어떻게 해서 실현되는가?

열반은 팔정도를 실천하여 실현된다. 그래서 경에는 다음과 같이 나온다.

"도반이여, 그러면 어떤 것이 이러한 열반을 실현하기 위한 도이고 어떤 것이 도닦음입니까?"

"도반이여, 그것은 바로 여덟 가지 구성요소로 된 성스러운 도八支聖道이니, 즉 바른 견해, 바른 사유, 바른 말, 바른 행위, 바른 생계, 바른 정진, 바른 마음챙김, 바른 삼매입니다."

「열반경」(S38:1)

그러면 팔정도를 몇 가지 측면에서 살펴보자. 첫째, 팔정도는 부처님의 최초 설법이다. 부처님께서 성도하시고 최초로 설하신 「초전법륜경」에는 다음과 같이 설해져 있다.

"비구들이여, 그러면 어떤 것이 여래가 완전하게 깨달았으며, 안목을 만들고 지혜를 만들며, 고요함과 최상의 지혜와 바른 깨달음과 열반으로 인도하는 중도인가? 그것은 바로 여덟 가지 구성요소를 가진 성스러운 도八支聖道이니, 즉 바른 견해, 바른 사유, 바른 말, 바른 행위, 바른 생계, 바른 정진, 바른 마음챙김, 바른 삼매이다."

「초전법륜경」(S56:11)

둘째, 팔정도는 부처님의 최후 설법이기도 하다. 「대반열반경」에는 다음과 같이 설해져 있다.

"수밧다여, 어떤 법과 율에서든 여덟 가지 성스러운 도八支聖道가 없으면 거기에는 사문도 없다. 거기에는 두 번째 사문도 없다. 거기에는 세 번째 사문도 없다. 거기에는 네 번째 사문

도 없다.… 수밧다여, 이 법과 율에는 여덟 가지 성스러운 도가
있다. 수밧다여, 그러므로 오직 여기에만 사문이 있다. 여기에
만 두 번째 사문이 있다. 여기에만 세 번째 사문이 있다. 여기
에만 네 번째 사문이 있다. 다른 교설들에는 사문들이 텅 비어
있다.”

「대반열반경」(D16)

셋째, 팔정도는 실천이다. 도道라는 단어는 길을 뜻하는 ‘도magga 道’
와 길을 실제로 걸어가는 것을 뜻하는 ‘도닦음paṭipadā 行道’의 두 가지
로 나타난다. 구체적으로 말하면 ‘여덟 가지 구성요소를 가진 성스러
운 도八支聖道’라는 팔정도의 표제어에 들어 있는 도는 길을 뜻하는 막가
magga이고, ‘괴로움의 소멸로 인도하는 도닦음의 성스러운 진리苦滅道
聖諦’로 표기되는 도성제와 ‘중도majjhimā paṭipadā 中道’의 도는 도닦음을
뜻하는 빠띠빠다paṭipadā이다. 여기서 빠띠빠다는 실제로 길 위paṭi를
밟으면서 걸어가는 것padā을 의미하는 ‘실천’의 의미가 강하게 담긴 중요
한 술어이다.

중요한 사실은 위의 「초전법륜경」에서 보았듯이 여덟 가지 구성요소
를 가진 성스러운 도, 즉 팔정도가 바로 중도majjhimā paṭipadā 中道라는
점이다. 우리는 중도라고 하면 용수龍樹 스님의 팔불중도八不中道부터 떠
올리지만 초기불전에서 중도는 항상 팔정도로만 나타난다. 그러므로 중
도를 팔불중도 등의 견해나 철학으로만 보면 안 된다. 불교의 뿌리인 초
기불전에서 중도가 팔정도를 뜻하는 이상 중도는 ‘실천’이다. 부처님께

서 고구정녕히 설하신 팔정도라는 실천체계로 먼저 받아들여야 하는 것
이다.

　팔정도의 각 항목은 뒷장에서 37보리분법 가운데 팔정도를 다룰 때
자세히 설명하겠다.

> 　" 사성제의 네 번째 진리인
>
> 　괴로움의 소멸로 인도하는 도닦음의 성스러운 진리는 '팔정도'이다.
>
> 　열반은 팔정도의 실천을 통해서 실현될 수 있다."

사성제⑥: 네 가지 진리에 사무쳐야 한다

불교의 모든 가르침은 궁극적으로 사성제로 귀결된다. 나와 세상에 대한 이해는 사성제의 첫 번째인 고성제의 내용이다. 그러므로 온·처·계의 가르침은 사성제에 포함된다. 12연기의 유전문은 사성제의 고성제와 집성제에 해당하고 환멸문은 사성제의 멸성제와 도성제에 해당한다. 그러므로 12연기의 유전문과 환멸문은 사성제에 포함된다. 팔정도의 처음인 바른 견해는 사성제를 아는 것이고, 팔정도는 사성제의 네 번째인 도성제의 내용이다. 그러므로 팔정도는 사성제에 포함된다. 그러므로 사성제와 팔정도는 서로가 서로를 포함하는 구조이다. 즉 교학에는 수행이, 수행에는 교학이 포함되어 이론과 실천이 함께한다. 부처님의 최초 설법인 「초전법륜경」은 바로 이 사성제와 팔정도를 천명하는 가르침이다.

사성제는 깨달음의 내용이기도 하다. 제4선을 토대로 계발되는 여섯 가지 신통의 지혜六神通 가운데 맨 마지막인 번뇌를 소멸하는 지혜漏盡通의 내용도 사성제로 귀결이 된다.

"그는 … 모든 번뇌를 멸진하는 지혜漏盡通로 마음을 향하게 하고 기울게 합니다. 그는 '이것이 괴로움이다'라고 있는 그대로 꿰뚫어 압니다. '이것이 괴로움의 일어남이다'라고 있는 그대로 꿰뚫어 압니다. '이것이 괴로움의 소멸이다'라고 있는 그대로 꿰뚫어 압니다. '이것이 괴로움의 소멸로 인도하는 도닦음이다'라고 있는 그대로 꿰뚫어 압니다. …

이와 같이 알고 이와 같이 보는 그는 감각적 욕망의 번뇌慾惱로부터 마음이 해탈합니다. 존재의 번뇌有惱로부터 마음이 해탈합니다. 무명의 번뇌無明惱로부터 마음이 해탈합니다. 해탈했을 때 해탈했다는 지혜가 있습니다. '태어남은 다했다. 청정범행은 성취되었다. 할 일을 다 해 마쳤다. 다시는 어떤 존재로도 돌아오지 않을 것이다'라고 꿰뚫어 압니다."

「사문과경」(D2) 등

불교의 모든 가르침은 이처럼 사성제로 총섭된다. 그래서 모든 불교는 이 네 가지를 성스러운 진리라고 표방하고 있는 것이다. 불자는 이 네 가지 진리에 대해서 사무쳐야 한다. 그래서 부처님께서는 다음과 같이 말씀하신다.

"괴로움의 성스러운 진리는 철저하게 알아야 한다. 괴로움의 일어남의 성스러운 진리는 버려야 한다. 괴로움의 소멸의 성스러운 진리는 실현해야 한다. 괴로움의 소멸로 인도하는 도닦음의 성스러운 진리는 닦아야 한다.”

「철저히 알아야 함 경」(S56:29)

오온으로 정리되는 괴로움은 분명하게, 아니 철저하게 알아야 한다. 마치 머리카락에 홈 파듯이 괴로움인 현실을 철저하게 분석한 것이 바로 아비담마abhidhamma 對法이다. 이렇게 현실을 법으로 해체해서 철저하게 알아야 한다. 갈애로 대표되는 괴로움의 원인은 버려야 하고 내던져야 하고 완전히 소멸시켜야 한다. 괴로움이 완전히 사라진 열반의 경지는 우리의 눈앞에 만들어 내야 하고 실현해야 한다. 그리고 열반은 도닦음이라는 팔정도 수행을 통해 지금 여기에서 실현되는 것이다.

한마디로 말하자면 사성제의 각 항목은 ‘사무쳐야’ 한다. 괴로움에 사무쳐야만 괴로움으로부터 벗어나려는 간절함이 생긴다. 괴로움에 사무쳐야만 그 원인인 갈애의 끈적거림에 넌더리 치며 그것에서 벗어나고자 하게 된다. 수렁과도 같은 바닥 모를 갈애를 처절하게 알아야 열반의 존귀함에 사무치게 된다. 열반을 자신의 생명과 같이 여기고 열반에 사무쳐야만 열반의 실현을 위해 팔정도를 사무치게 닦게 된다.

부처님께서는 다음과 같이 간곡하게 말씀하셨다.

“비구들이여, 여기 나무 밑이 있다. 여기 빈집들이 있다. 참선을 하라. 비구들이여, 방일하지 마라. 나중에 후회하지 마라. 이것이 그대들에게 주는 나의 간곡한 당부이다.”

「몸에 대한 마음챙김 경」(S43:1)

불자라면 누구나 이 같은 부처님의 간곡한 당부의 말씀대로 팔정도 수행을 해서 사성제의 통찰로 귀결되는 누진통漏盡通, 즉 번뇌를 소멸하는 지혜를 체득하는 해탈·열반을 실현해야 할 것이다.

> " 괴로움의 성스러운 진리는 철저하게 알아야 한다.
> 괴로움의 일어남의 성스러운 진리는 버려야 한다.
> 괴로움의 소멸의 성스러운 진리는 실현해야 한다.
> 괴로움의 소멸로 인도하는 도닦음의 성스러운 진리는
> 닦아야 한다. "

제5장 연기란 무엇인가

연기①: 연기는 12연기로 정리된다

연기緣起라는 술어의 어원은 빠띳짜사뭅빠다paṭicca-samuppāda이다. 여기서 빠띳짜paṭicca는 '무엇을 의지하여'라는 뜻이고 사뭅빠다samuppāda는 '함께 위로 간다'는 문자적인 뜻으로 일어남, 발생, 근원을 뜻한다. 중국에서는 연기緣起로 정착되었고 영어로는 *dependent origination*으로 정착되고 있다. 우리말로는 '조건발생'으로 직역된다.

조건 지어져서 일어나는 것은 모두 연기인가? 예를 들면 아버지와 어머니를 조건으로 하여 아들이 생겨나는데 이러한 상호관계도 연기라고 부를 수 있는가? 초기불전에 의하면 그렇지 않다고 해야 한다. 초기불전에서는 2지 연기부터 12연기까지로 정리되는 다양한 연기가 나타나는데 이들은 모두 괴로움의 발생구조anuloma 流轉門와 소멸구조paṭiloma 還滅門를 드러낸다. 이러한 괴로움의 발생구조와 소멸구조를 드러내는 가르침을 연기라고 부른다. 그 외 제법의 상호관계나 상호의존은 연기라고 하지 않고 연paccaya 緣이라고 하며 특히 아비담마에서는 상호의존 paṭṭhāna이라고 부른다.

연기의 가르침은 대부분 12연기로 정형화되어 나타나는데 초기경에
서 12연기는 예외 없이 다음과 같이 정형화되어 나타난다.

"무명無明을 조건으로 의도적 행위들行이, 의도적 행위들을
조건으로 알음알이識가, 알음알이를 조건으로 정신·물질名色
이, 정신·물질을 조건으로 여섯 감각장소六入가, 여섯 감각장소
를 조건으로 감각접촉觸이, 감각접촉을 조건으로 느낌受이, 느
낌을 조건으로 갈애愛가, 갈애를 조건으로 취착取이, 취착을 조
건으로 존재有가, 존재를 조건으로 태어남生이, 태어남을 조건
으로 늙음·죽음老死과 근심·탄식·육체적 고통·정신적 고통·
절망憂悲苦惱이 발생한다. 이와 같이 전체 괴로움의 무더기苦蘊가
발생한다.

그러나 무명이 남김없이 빛바래어 소멸하기 때문에 의도적
행위들이 소멸하고, 의도적 행위들이 소멸하기 때문에 알음알
이가 소멸하고, 알음알이가 소멸하기 때문에 정신·물질이 소멸
하고, 정신·물질이 소멸하기 때문에 여섯 감각장소가 소멸하
고, 여섯 감각장소가 소멸하기 때문에 감각접촉이 소멸하고, 감
각접촉이 소멸하기 때문에 느낌이 소멸하고, 느낌이 소멸하기
때문에 갈애가 소멸하고, 갈애가 소멸하기 때문에 취착이 소멸
하고, 취착이 소멸하기 때문에 존재가 소멸하고, 존재가 소멸
하기 때문에 태어남이 소멸하고, 태어남이 소멸하기 때문에 늙
음·죽음과 근심·탄식·육체적 고통·정신적 고통·절망이 소멸

한다. 이와 같이 전체 괴로움의 무더기苦蘊가 소멸한다."

「연기경」(S12:1)

즉 무명, 행부터 생, 노사까지의 12가지 구성요소나 이것이 더 축약되어 나타나는 11지 연기, 10지, 9지 … 2지 연기만을 연기라고 부르고 있다.

이처럼 연기는 무명부터 노사까지의 12연기로 대표되는 괴로움의 발생구조와 소멸구조를 설하는 것이다. 그리고 이것은 괴로움苦과 괴로움의 일어남集과 괴로움의 소멸滅과 괴로움의 소멸로 인도하는 도닦음道으로 정리되는 불교의 진리인 사성제와 그대로 일치하는 것이기도 하다.

" 초기불전에서 연기는
　무명부터 노사까지의 12연기로 대표되는
　괴로움의 발생구조와 소멸구조를 설하는 가르침이다. "

연기②: 괴로움의 발생구조와 소멸구조

 부처님께서는 연기의 가르침은 "아주 어려운 가르침"이라고 하셨고, 연기의 가르침을 "깨닫지 못하고 꿰뚫지 못하기 때문에 이 사람들은 … 문자 풀처럼 엉키어서 처참한 곳, 불행한 곳, 파멸처, 윤회를 벗어나지 못한다"(S12:60)라고 말씀하셨다.

 연기의 가르침은 경장, 즉 니까야의 여러 곳에서 나타나지만 특히 『상윳따 니까야』 「인연 상윳따」에 72개의 가르침으로 정리되어 있다. 이 72 개의 가르침은 2지, 3지, 4지, 5지, 6지, 7지, 8지, 9지, 10지, 11지, 12지 연기로 정리되는 11종류의 다양한 연기의 가르침을 담고 있다. 여기서 2 지 연기란 괴로움-감각접촉이라는 두 개의 연기의 구성요소緣支를 포함하고 있는 가르침 등을 말하고(S12:25), 12지 연기란 무명, 행부터 시작해서 생, 노사까지의 12개의 연기의 구성요소를 담고 있는 가르침을 뜻한다(S12:1).

 앞 장에서 연기의 가르침은 기본적으로 괴로움의 발생구조와 소멸구조를 설하는 가르침이라고 강조하였다. 더 자세히 설명하면 12지 연기의 가르침에서 괴로움이란 윤회의 괴로움이다. 그래서 12지 연기는 '윤회의 괴로움의 발생구조와 소멸구조'를 설하는 가르침이라고 정의할 수 있다.

12지 연기의 열두 가지 구성요소는 무명avijjā 無明, 의도적 행위들 saṅkhārā 行, 알음알이viññāṇa 識, 정신·물질nāma-rūpa 名色, 여섯 감각 장소saḷ-āyatana 六入, 감각접촉phassa 觸, 느낌vedanā 受, 갈애taṇhā 愛, 취착upādāna 取, 존재bhava 有, 태어남jāti 生, 늙음·죽음jarā-maraṇa 老死 과 근심·탄식·육체적 고통·정신적 고통·절망憂悲苦惱이다.

「분석경」(S12:2)에 근거해서 이 열두 가지 구성요소를 간략히 설명하면 다음과 같다.

①무명은 "괴로움에 대한 무지, 괴로움의 일어남에 대한 무지, 괴로움의 소멸에 대한 무지, 괴로움의 소멸로 인도하는 도닦음에 대한 무지"로 정의된다. 윤회의 근본 원인이 되는 무명은 사성제에 대한 무지이며, 사성제를 관통해서 아라한이 되어야만 모두 없어진다.

②의도적 행위들은 몸의 의도적 행위, 말의 의도적 행위, 마음의 의도적 행위의 세 가지를 말하며, 업형성을 특징으로 한다.

③알음알이는 눈의 알음알이, 귀의 알음알이, 코의 알음알이, 혀의 알음알이, 몸의 알음알이, 마노의 알음알이의 여섯 가지 알음알이의 무더기로 설명된다. 알음알이는 한 생의 최초에 일어나는 알음알이인 재생연결식을 의미한다.

④정신·물질에서 정신은 느낌受과 인식想, 그리고 의도思·감각접촉觸·잡도리함(주의)作意의 세 가지 심리현상들行을 말한다. 심리현상들 중에 이들

셋만을 언급하는 이유는 이들 셋은 마음이 가장 미약할 때도 존재하기 때문이다(SA.ii.16~17). 그래서 연기의 문맥에서 정신·물질의 정신은 알음알이識를 뺀 수·상·행 3온만을 뜻한다. 일반적으로 정신에는 알음알이가 포함되는데 연기의 정신·물질에서 알음알이가 빠지는 이유는 알음알이는 이미 12연기의 세 번째 구성요소로 독립되어 나타나기 때문이다(Vbh.147). 물질은 네 가지 근본물질과 근본물질에서 파생된 물질을 말한다.

⑤여섯 감각장소는 눈의 감각장소, 귀의 감각장소, 코의 감각장소, 혀의 감각장소, 몸의 감각장소, 마노의 감각장소라고 정의된다.

⑥감각접촉은 형색에 대한 감각접촉, 소리에 대한 감각접촉, 냄새에 대한 감각접촉, 맛에 대한 감각접촉, 감촉에 대한 감각접촉, 법에 대한 감각접촉의 여섯 가지 감각접촉의 무리로 정의된다.

⑦느낌은 눈의 감각접촉에서 생긴 느낌, 귀의 감각접촉에서 생긴 느낌, 코의 감각접촉에서 생긴 느낌, 혀의 감각접촉에서 생긴 느낌, 몸의 감각접촉에서 생긴 느낌, 마노의 감각접촉에서 생긴 느낌의 여섯 가지 느낌의 무리로 정의된다.

⑧갈애는 형색에 대한 갈애, 소리에 대한 갈애, 냄새에 대한 갈애, 맛에 대한 갈애, 감촉에 대한 갈애, 법에 대한 갈애의 여섯 가지 갈애의 무리를 말한다. 갈애는 사성제의 두 번째 진리, 즉 괴로움의 일어남의 성스러운 진리이다.

⑨취착은 감각적 욕망에 대한 취착, 견해에 대한 취착, 계율과 의례의식에 대한 취착, 자아의 교리에 대한 취착의 네 가지 취착으로 정의된다,

⑩존재는 욕계, 색계, 무색계의 존재의 세 가지로 정의된다.

주석서는 다시 이 세 가지 존재를 각각 업으로서의 존재業有와 재생으로서의 존재生有의 두 가지로 설명한다(SA.ii.14.『청정도론』XVII.250~251을 참조할 것).

⑪태어남은 "이런저런 중생들의 무리로부터 이런저런 중생들의 태어남, 출생, 도래함, 생김, 탄생, 오온의 나타남, 감각장소를 획득함"으로 정의된다. 태어남은 한 생에 최초로 태어나는 것이며, 생멸生滅의 생으로 이해하면 안 된다.

⑫늙음·죽음은 "이런저런 중생들의 무리 가운데서 이런저런 중생들의 늙음, 노쇠함, 부서진〔치아〕, 희어진〔머리털〕, 주름진 피부, 수명의 감소, 감각기능의 쇠퇴 – 이를 일러 늙음이라 한다. 이런저런 중생들의 무리로부터 이런저런 중생들의 종말, 제거됨, 부서짐, 사라짐, 사망, 죽음, 서거, 오온의 부서짐, 시체를 안치함, 생명기능의 끊어짐 – 이를 일러 죽음이라 한다"로 정의된다.

12연기의 정형구에서 태어남에서 늙음·죽음까지의 괴로움의 발생구조를 밝히고 있는 첫 번째 정형구를 주석서는 유전문anuloma 流轉門이라고 부른다. 그리고 괴로움의 소멸구조를 밝히고 있는 두 번째 정형구는 환멸문paṭiloma 還滅門이라고 부른다.

여기서 괴로움을 '윤회의 괴로움'으로 볼 수밖에 없는 이유는 12지 연기의 11번째 구성요소인 태어남生이 초기불전에서는 예외 없이 한 생에 하나의 존재로 태어남을 뜻하기 때문이다. 여기서의 생은 일어남과 사라짐udaya-vaya을 뜻하는 생멸生滅의 생이 결코 아니다. 그러므로 12지 연기에서 괴로움은 생과 노사로 표현되는 윤회의 괴로움을 뜻하는 것이

다. 주석서들도 12연기의 유전문은 윤회의 발생구조vaṭṭa를 드러내는 것
이고 환멸문은 윤회로부터 벗어나는 구조vivaṭṭa를 설하신 것이라고 한
결같이 설명하고 있다(SA.ii.10 등).

> " 12연기는 윤회의 괴로움의 발생구조와
> 소멸구조를 설하는 가르침이다.
> 부처님께서는 사람들이 이 연기의 가르침을
> 깨닫지 못하고 꿰뚫지 못하기 때문에
> 윤회를 벗어나지 못한다고 말씀하셨다. "

연기③: 12연기는 삼세양중인과를 설한다

12연기는 전생-금생-내생의 삼세三世에 걸친 괴로움의 발생구조와 소멸구조를 설하는 가르침이라는 것이 남방 아비담마와 북방 아비달마의 정설이다.

남방 아비담마와 북방 아비달마에서는 ①무명無明-②의도적 행위行와 ⑧갈애愛-⑨취착取-⑩존재有를 두 가지 인因, 즉 괴로움의 원인으로 이해한다. 그리고 ③알음알이識-④정신·물질名色-⑤여섯 감각장소六入-⑥감각접촉觸-⑦느낌受과 ⑪태어남生-⑫늙음·죽음老死을 두 가지 과果, 즉 괴로움이라는 결과로 이해한다. 이처럼 삼세에 걸쳐서 원인과 결과가 인-과-인-과로 두 번 반복된다고 해서 삼세양중인과三世兩重因果라고 설명하며, 이것을 12지 연기를 비롯한 연기의 가르침을 이해하는 정설로 삼고 있다.(본서 235쪽 도표 참조)

12연기를 삼세에 걸친 윤회를 설명하는 것으로 볼 수밖에 없는 이유는 12지 가운데 ③알음알이와 ⑪태어남 때문이다. 주석서가 아닌 초기경전에 보면 이미 "아난다여, 만일 알음알이가 모태에 들지 않았는데도 정신·물질이 모태에서 발전하겠는가?"(D15)라고 나타난다. 그래서 주석서들은 12연기의 ③알음알이를 한결같이 재생연결식paṭisandhiviññāṇa 再生連結識, 즉 한 생의 최초의 알음알이로 설명하고 있다. 그리고 ⑪태어남jāti 生은 한 생에 최초로 태어나는 것 이외의 뜻으로는 쓰이지 않는다. 그러므로 ①무명－②의도적 행위는 전생을, ③알음알이－④정신·물질－⑤여섯 감각장소－⑥감각접촉－⑦느낌과 ⑧갈애－⑨취착－⑩존재는 금생을, ⑪태어남－⑫늙음·죽음은 내생을 나타낸다. 이것이 12연기를 이해하는 기본 출발점이다.

다른 경들, 특히 『상윳따 니까야』 「우현경」(S12:19)에서도 연기는 삼세에 걸쳐서 일어나는 것으로 설해지고 있다(Ps.i.51~52; Vis.XVII.288~298). 특히 「우현경」은 12연기를 네 개의 집합과 20가지 형태를 토대로 하여 삼세양중인과로 해석하는 전통적인 견해의 단초가 되는 중요한 경이다. 이처럼 주석서가 아니라 초기불전 자체에서 이미 12연기는 삼세에 걸친 윤회 구조를 밝히는 가르침으로 자리매김하고 있다.

12연기에서 가장 중요한 사실은 12연기는 원인과 결과의 반복적 지속을 나타낸다는 것이다. 이것을 간과해 버리면 12연기는 그때부터 혼란스러워진다.

다시 한번 정리해 보자. 12지 연기 가운데 ①무명－②의도적 행위와 ⑧갈애－⑨취착－⑩존재는 괴로움의 원인의 고리이고, 나머지 ③알음알이－④정신·물질－⑤여섯 감각장소－⑥감각접촉－⑦느낌과 ⑪태어남－⑫늙음·죽음은 괴로움의 결과의 고리이다. 이렇게 12연기는 괴로움의 원인과 괴로움의 결과의 고리들이 반복적으로 연결되어서 괴로움의 발생구조와 소멸구조를 중층적으로 드러내고 있다.

그러면 무명 등은 과거의 원인이기만 하고 갈애 등은 현재의 원인이기만 한가? 그렇지는 않다. 그래서 『청정도론』은 ①무명 ②의도적 행위들 ⑧갈애 ⑨취착 ⑩존재의 다섯은 과거, 혹은 전생에 지은 원인도 되고 지금, 혹은 금생에 짓는 원인도 된다고 설명한다(Vis.XVII.291). 다만 무명과 의도적 행위는 전생에 더 두드러진 원인이고, 갈애, 취착, 존재는 금생에 더 두드러진 원인이라고 해석하고 있다.

12연기를 비롯한 여러 각지의 연기의 가르침을 접하면서 명심해야 하는 중요한 사실은 연기는 무아를 드러내는 강력한 수단이라는 점이다. 연기의 가르침은 자아, 진아, 대아, 주인공 등의 존재론적인 실체를 상정하기를 거부한다. 연기緣起의 가르침을 24연paccaya 緣 같은 제법의 상호 의존paṭṭhāna으로 승화시켜 이해하려 한 것도 제법무아를 이론적으로 분명하게 드러내기 위한 것이다.

그렇다면 괴로움을 소멸하기 위해서는 연기의 구성요소들, 즉 12지 모두를 다 소멸시켜야 하는가? 그렇지 않다. 12가지 구성요소 가운데 어느 하나를 소멸하면 된다. 특히 인－과의 고리로 본다면 괴로움의 원인인 인因의 고리를 부수어야 하는데 이때 갈애가 중점이다. 그래서 사성제에서도 괴로움의 원인으로 갈애를 들고 있으며 이 갈애가 남김없이 멸진된 경지를 열반이라고 부르고 있다.

그러면 어떻게 갈애를 없앨 것인가? 팔정도로 대표되는 37보리분법을 닦아서 없애야 한다. 괴로움을 없애고 열반을 실현하는 구체적인 방법인 37보리분법에 대해서 다음 장에서 살펴보자.

> " 12연기는 윤회의 괴로움의 발생구조와
>   소멸구조를 설하는 가르침이요,
>   이는 전생, 금생, 내생의 삼세에 걸쳐
>   괴로움의 원인과 결과가 두 번 반복되는
>   삼세양중인과를 핵심으로 한다. "

초기불교의 수행

제6장 37보리분법

37보리분법이란 무엇인가

불교의 목적은 괴로움을 여의고 행복을 실현하는 것離苦得樂이다. 그러나 괴로움은 그냥 없어지지 않고 수행을 해야만 없어진다. 수행은 초기불전에서 37보리분법으로 정리되어 나타난다.

보리분법菩提分法은 보디 빡키야 담마bodhi pakkhiyā dhamma를 직역한 것인데 '깨달음菩提의 편分에 있는 법들'이라는 뜻이다.

보리분법은 부처님 가르침을 주제별로 모은 『상윳따 니까야』의 「도 상윳따」부터 「성취수단 상윳따」까지의 일곱 가지 주제로 분류되어 나타난다. 이것을 정리해 보면 다음과 같다.

①4념처四念處: 네 가지 마음챙김의 확립

②4정근四正勤: 네 가지 바른 노력

③4여의족四如意足: 네 가지 성취수단

④5근五根: 다섯 가지 기능

⑤5력五力: 다섯 가지 힘

⑥7각지七覺支: 일곱 가지 깨달음의 구성요소

⑦8정도八正道: 여덟 가지 구성요소를 가진 성스러운 도

이처럼 37보리분법은 일곱 가지 주제로 되어 있으며, 이러한 주제에 포함된 법수들을 다 합하면 37가지가 되기 때문에 전통적으로 이를 37보리분법이라고 불러왔다. 『청정도론』은 보리분법을 다음과 같이 설명한다.

> 깨달았다는 뜻에서 깨달음bodhi이라고 이름을 얻은 성스러운 도의 편pakkha에 있기 때문이다. 편에 있기 때문이라는 것은 '도와주는 상태upakāra-bhāva에 서 있기 때문'이라는 뜻이다.
>
> (Vis.XXII.33)

중국에서는 '도와주는 상태'라는 설명 등을 고려해서 조도품助道品으로도 옮긴 듯하다. 우리나라에서는 보리분법보다는 조도품으로 더 많이 통용되지만 보리분법이 원어를 직역한 것이기 때문에 초기불전연구원에서는 보리분법으로 통일해서 옮기고 있다.

『청정도론』을 위시한 주석서 문헌들은 보리분법은 깨달음을 성취한 예류자 이상의 성자들의 편에 있는 법들이며, 깨달음을 성취할 때 이 37가지가 모두 함께 드러나는 것으로 설명한다(Vis.XXII.39). 보리분법이라는 술어 자체가 '깨달음의 편에 속하는 법들'이라는 뜻이기 때문에 이렇게 설명할 수밖에 없을 것이다.

그러나 아직 깨달음을 성취하지 못한 우리들의 입장에서 보면 37보리

분법은 당연히 '깨달음을 실현하도록 도와주는 법들'로 이해되어야 하고 이렇게 받아들여질 수밖에 없을 것이다. 그래야 수행을 하려는 불자들에게 37보리분법은 도움이 되고 의미가 있는 것이다. 『상윳따 니까야』에 모은 37보리분법에 대한 가르침(S45~S51)에서는 이런 측면이 절대적으로 강조되고 있다. 그래서 부처님께서는 강조하신다.

> "비구들이여, 수행에 몰두하지 않고 머무는 비구에게 '오, 참으로 나의 마음은 취착이 없어져서 번뇌들로부터 마음이 해탈하기를'이라는 이러한 소망이 일어날지도 모른다. 그러나 그의 마음은 결코 취착 없이 번뇌들로부터 해탈하지 못한다.
>
> 그것은 무슨 이유 때문인가? 수행하지 않았기 때문이라는 것이 그 대답이다. 무엇을 수행하지 않았기 때문인가? 네 가지 마음챙김의 확립四念處, 네 가지 바른 노력四正勤, 네 가지 성취수단四如意足, 다섯 가지 기능五根, 다섯 가지 힘五力, 일곱 가지 깨달음의 구성요소七覺支, 여덟 가지 구성요소를 가진 성스러운 도八支聖道이다."
>
> 「까뀌 자루 경」(S22:101)

❝ 초기불전에서 수행은 37보리분법으로 정리되어 나타난다. 37보리분법은 4념처·4정근·4여의족·5근·5력·7각지·8정도의 일곱 가지 주제로 구성되어 있다. ❞

사념처①: 마음챙김이란 무엇인가

37보리분법, 혹은 37조도품 가운데 항상 제일 먼저 나타나는 가르침은 '네 가지 마음챙김의 확립cattāro satipaṭṭhānā 四念處'이다.

마음챙김은 빠알리어 사띠sati의 역어인데 이것의 사전적인 의미는 '기억'이다. 그러나 초기불전에서 사띠는 기억이라는 의미로는 거의 쓰이지 않는다. 기억이라는 의미로 쓰일 때는 주로 접두어 아누anu-를 붙여 아눗사띠anussati라는 술어를 사용하거나 사라나saraṇa라는 단어가 쓰인다. 물론 수행과 관계없는 문맥에서는 사띠가 기억이라는 의미로 쓰이기도 한다. 한국에서 사띠는 '마음챙김'으로 정착이 되고 있다.

2세기 중국의 안세고安世高 스님은 「불설대안반수의경佛說大安般守意經」에서 아나빠나ānāpāna, 즉 들숨날숨을 안반安般으로 음사하고 있으며, 사띠는 염念이 아닌 수의守意, 즉 마음意을 지키고 보호守하는 기능으로 의역하고 있다. 영어로는 *mindfulness*로 정착되었다.

『상윳따 니까야』의 「운나바 바라문 경」에 보면 다음과 같은 구절이 있다.

"바라문이여, 다섯 가지 감각기능은 마노意를 의지한다.
마노가 그들의 대상과 영역을 경험한다."

"고따마 존자시여, 그러면 마노는 무엇을 의지합니까?"

"바라문이여, 마노는 마음챙김을 의지한다."

"고따마 존자시여, 그러면 마음챙김은 무엇을 의지합니까?"

"바라문이여, 마음챙김은 해탈을 의지한다."

"고따마 존자시여, 그러면 해탈은 무엇을 의지합니까?"

"바라문이여, 해탈은 열반을 의지한다."

"고따마 존자시여, 그러면 열반은 무엇을 의지합니까?"

"바라문이여, 그대는 질문의 범위를 넘어서 버렸다. 그대는
질문의 한계를 잡지 못하였구나. 바라문이여, 청정범행을 닦는
것은 열반으로 귀결되고 열반으로 완성되고 열반으로 완결되
기 때문이다."

「운나바 바라문 경」(S48:42)

이처럼 마음챙김은 마음을 해탈과 연결시켜 주는 중요한 기능을 한다.
『청정도론』등의 주석서는 마음챙김을 다음의 다섯 가지로 설명하고 있
다. 첫째, 마음챙김은 대상에 깊이 들어가는 것이다. 둘째, 마음챙김은
문지기와 같아서 대상을 통해서 불선법이 일어나는 것을 막는다. 셋째,
마음챙김은 대상을 거머쥐는 것이다. 마음챙김으로 대상을 철저하게 거
머쥐고 통찰지로써 관찰한다. 넷째, 마음챙김은 대상에 대한 확립이다.
다섯째, 마음챙김은 마음을 보호한다(Vis.XIV.141, XVI.82; DA.iii.758).

『청정도론』에서는 "마음챙김은 마음이 들뜸으로 치우치는 믿음, 정
진, 통찰지로 인해 들뜸에 빠지는 것을 보호하고, 게으름으로 치우치는
삼매定로 인해 게으름에 빠지는 것을 보호한다. 그러므로 이 마음챙김은
모든 요리에 맛을 내는 소금과 향료처럼, 모든 정치적인 업무에서 일을
처리하는 대신처럼 모든 곳에서 필요하다"(Vis.IV.49)고 설명하고 있다.
이처럼 마음챙김은 모든 곳에서 유익하다고 강조하여 설명된다.

> " 마음챙김은 대상에 깊이 들어가는 것이다.
> 마음챙김은 대상을 통해서 불선법이 일어나는 것을 막는다.
> 마음챙김은 대상을 거머쥐는 것이다.
> 마음챙김은 대상에 대한 확립이다.
> 마음챙김은 마음을 보호한다. "

사념처②: 마음챙김의 대상

마음챙김이란 '대상에 마음을 챙기는 것'으로 정리할 수 있다. 마음챙김의 대상을 신身·수受·심心·법法, 즉 몸·느낌·마음·법의 넷으로 정리했기 때문에 네 가지 마음챙김의 확립四念處이라고 부른다.

『상윳따 니까야』의 「여섯 동물 비유 경」(S35:247)은 여섯 동물의 비유를 들어서 마음챙김을 밧줄에 비유하고 마음챙김의 대상을 기둥에 비유하였다. 여기서 여섯 동물은 여섯 가지 알음알이六識를 뜻한다.

이처럼 마음챙김은 밧줄에 비유되고 말뚝이나 기둥은 마음챙김의 대상인 신·수·심·법 가운데 하나를 뜻한다. 그래서『디가 니까야 주석서』는 이렇게 강조한다.

> 여기 마치 송아지 길들이는 사람이
> 기둥에다 묶는 것처럼
> 자신의 마음을 마음챙김으로

대상에 굳건히 묶어야 한다.

『디가 니까야 주석서』(DA.iii.763)

이처럼 마음챙김〔밧줄〕은 대상〔기둥〕에 마음〔송아지〕을 챙기는〔묶는〕 것이요, 마음챙기는 공부는 이러한 대상에 마음을 거듭해서 챙기는 공부요, 마음챙김의 확립은 정해진 대상에 마음을 확립시키는 것이다. 이처럼 마음챙기는 공부에서 가장 중요한 것은 대상이다.

마음챙김의 대상은 크게 몸·느낌·마음·법의 넷으로 정리된다. 네 가지 마음챙김의 확립을 상세하게 설명하고 있는『대념처경』(D22)은 이것을 다시 21가지, 혹은 44가지로 정리하고 있는데 그것은 다음과 같다.

(1) 몸kāya 身: 14가지

　①들숨날숨

　②네 가지 자세

　③네 가지 분명히 알아차림

　④32가지 몸의 형태

　⑤사대四大를 분석함

　⑥～⑭아홉 가지 공동묘지의 관찰

(2) 느낌vedanā 受: 9가지

　①즐거운 느낌

　②괴로운 느낌

　③괴롭지도 즐겁지도 않은 느낌

　④세속적인 즐거운 느낌

⑤세속적인 괴로운 느낌

⑥세속적인 괴롭지도 즐겁지도 않은 느낌

⑦세속을 여읜 즐거운 느낌

⑧세속을 여읜 괴로운 느낌

⑨세속을 여읜 괴롭지도 즐겁지도 않은 느낌

(3) 마음citta 心 : 16가지

①탐욕이 있는 마음

②탐욕을 여읜 마음

③성냄이 있는 마음

④성냄을 여읜 마음

⑤미혹이 있는 마음

⑥미혹을 여읜 마음

⑦위축된 마음

⑧산란한 마음

⑨고귀한 마음

⑩고귀하지 않은 마음

⑪위가 남아 있는 마음

⑫더 이상 위가 남아 있지 않은 마음

⑬삼매에 든 마음

⑭삼매에 들지 않은 마음

⑮해탈한 마음

⑯해탈하지 않은 마음

(4) 법dhamma 法: 5가지

　①장애蓋를 파악함

　②무더기蘊를 파악함

　③감각장소處를 파악함

　④깨달음의 구성요소覺支를 파악함

　⑤진리諦를 파악함

　이처럼『대념처경』은 마음챙김의 대상을 모두 44가지로, 혹은 느낌과 마음을 각각 한 가지 주제로 간주하면 21가지로 구분하여 밝히고 있다.

　여기서 중요한 것은 마음챙김의 대상은 나 자신이라는 것이다. 오온의 가르침이 나라는 존재를 물질·느낌·인식·심리현상들·알음알이의 다섯으로 해체해서 이들의 무상·고·무아를 명쾌하게 드러내는 교학적인 가르침이라면, 사념처는 나 자신을 몸·느낌·마음·법의 21가지, 혹은 44가지로 해체해서 이 가운데 하나를 챙기고 알아차려 이들의 무상·고·무아를 직접 통찰하여 염오－이욕－해탈－구경해탈지를 체득하게 하는 구체적인 수행법이다. 그래서 오온은 온·처·계·근·제·연의 여섯 가지 교학의 주제 가운데 맨 처음으로 강조되며, 사념처는 37보리분법이라는 일곱 가지 수행의 주제 가운데 가장 먼저 설해지고 있는 것이다.

> 　" 마음챙김이란 '대상에 마음을 챙기는 것'이다.
> 　　이 대상을 몸身·느낌受·마음心·법法의 넷으로 정리했기 때문에
> 　　네 가지 마음챙김의 확립이라고 부른다. "

사념처③: 마음챙김에 대한 세 가지 비유

마음챙김은 경에서 다음의 세 가지로 주로 비유되어 나타난다.

첫째, 마음챙김은 밧줄rajju과 기둥thambha에 비유된다. 『상윳따 니까야』의 「여섯 동물 비유 경」은 여섯 동물의 비유를 들어서 마음챙김을 밧줄에 비유하고 마음챙김의 대상을 기둥에 비유하고 있다. 여기서 여섯 동물은 여섯 가지 알음알이六識를 뜻한다.

"비구들이여, 예를 들면 어떤 사람이 각각 다른 삶의 분야와 각각 다른 먹이의 영역을 가진 여섯 마리의 동물을 튼튼한 밧줄로 묶었다 하자.… 묶은 뒤 이 밧줄들을 모두 튼튼한 말뚝이나 기둥에 묶어 두었다 하자. 각각 다른 삶의 분야와 각각 다른 먹이의 영역을 가진 여섯 마리의 동물들은 모두 자기 자신의 먹이의 영역과 삶의 분야로 가려고 할 것이다. … 그러다가 이들 여섯 동물들이 지치고 피곤해지면 그들은 그 말뚝이나 기둥 가까이에 설 것이고 거기에 앉을 것이고 거기에 누울 것이다. …

　비구들이여, 여기서 튼튼한 말뚝이나 기둥이라는 것은 몸에 대한 마음챙김을 두고 한 말이다. 비구들이여, 그러므로 그대들은 참으로 이와 같이 공부 지어야 한다. '우리는 몸에 대한 마음챙김을 닦고 많이 〔공부〕 짓고 수레로 삼고 기초로 삼고 확립하고 굳건히 하고 부지런히 정진하리라'라고. 그대들은 이와 같이 공부 지어야 한다."

「여섯 동물 비유 경」(S35:247)

이처럼 마음챙김이라는 밧줄을 마음챙김의 대상인 기둥에 튼튼하게 묶어 마음이 불선법을 일으키는 대상으로 향하지 못하게 하는 것이 마음챙김의 확립이다.

둘째, 마음챙김은 덧문kavāṭa에 비유된다. 니까야의 여러 곳에는 눈·귀·코·혀·몸·마노의 여섯 가지 감각기능들의 문을 보호함에 관계된 다음과 같은 정형구가 나타난다.

　"비구들이여, 그러면 비구는 어떻게 감각기능들의 문을 보호하는가? 비구들이여, 여기 비구는 눈으로 형색을 봄에 그 표상全體相을 취하지 않으며, 또 그 세세한 부분상細相을 취하지도 않는다. 만약 그가 눈의 감각기능이 제어되지 않은 채 머무르면, 욕심과 싫어하는 마음이라는 나쁘고 해로운 법不善法들이 그를 침입해 올 것이다. 따라서 그는 눈의 감각기능을 잘 단속

하기 위해 수행하며, 눈의 감각기능을 잘 방호하고, 눈의 감각
기능을 잘 단속한다.”

「마차 비유 경」(S35:239) 등

그러면 어떻게 눈 등의 감각기능을 잘 단속하는가?『청정도론』은 이
정형구를 풀이하면서 “그런 눈의 감각기능을 마음챙김의 덧문으로 닫
기 위해 수행한다”(Vis.I.56)라고 강조하여 설명한다. 덧문의 사전적 의미
는 ‘원래의 문짝 바깥쪽에 덧다는 문’이다. 예를 들면 여인의 우아한 자
태가 마노의 문에서 일어날 때에는 들숨날숨에 대한 마음챙김이라는 덧
문으로 이 마노의 감각대문을 단속해야 한다는 것이다. 그래서 마음챙
김을 덧문으로 강조하여 표현하고 있다.

셋째, 마음챙김은 자신의 고향 동네pettika visaya에 비유된다.『상윳
따 니까야』의「새매 경」에서 세존께서는 마음챙김을 자신의 고향 동네에
비유하여 이렇게 말씀하신다.

“비구들이여, 옛날에 새매가 급강하하여 메추리를 채어 갔
다. 비구들이여, 그러자 메추리는 새매에 잡혀가면서 이와 같
이 탄식했다.

‘아, 참으로 우리는 이처럼 보호받지 못하는구나. 우리의 공
덕은 이처럼 작구나. 참으로 우리는 우리의 행동 영역이 아닌
남의 세력 범위를 헤매고 다녔구나. 만일 우리가 자신의 고향
동네인 우리의 행동 영역에서 다녔더라면 이 새매는 싸움에서

나를 낚아채지는 못했을 텐데.'

'메추리여, 그러면 어떤 것이 자신의 고향 동네인 그대들의 행동 영역인가?'

'흙덩이로 덮여 있는 쟁기질한 저 들판이라오.' …

비구들이여, 자신의 고향 동네인 행동의 영역에서 다녀라. 자신의 고향 동네인 행동의 영역에서 다니는 자에게 마라는 내려앉을 곳을 얻지 못할 것이고 마라는 대상을 얻지 못할 것이다. 비구들이여, 그러면 어떤 것이 자신의 고향 동네인 행동의 영역인가? 바로 이 네 가지 마음챙김의 확립이다."

「새매 경」(S47:6)

이처럼 본경은 마라로 표현되는 오염원kilesa(ItA.197; ThagA.ii.70)이나 불선법들을 극복하는 방법은 마음챙김을 확립하는 것이라는 부처님의 고구정녕한 말씀을 담고 있다.

" 마음챙김은

마음이라는 송아지를 기둥이라는 대상에 묶어 두는 밧줄에 비유되기도 하고,

눈·귀·코·혀·몸의 다섯 가지 감각기능을 보호하는 덧문에 비유되기도 하고,

수행자가 항상 의지해야 하는 자신의 고향 동네에 비유되기도 한다."

사념처④: 마음챙기는 공부의 요점

마음챙기는 공부의 요점을 살펴보면 다음과 같다.

첫째, 마음챙김의 대상은 나 자신이다. 중요한 것은 내 안에서 벌어지는 현상을 챙기는 것이다. 내 밖은 큰 의미가 없다. 왜냐하면 해탈·열반은 내가 성취하는 것이기 때문이다.

『대념처경』에서는 나 자신을 몸·느낌·마음·법으로 나눈 뒤 이를 다시 몸은 14가지, 느낌은 9가지, 마음은 16가지, 법은 5가지로 더욱 더 구체적으로 세분해서 모두 44가지 대상으로 나누어 그중의 하나를 챙길 것을 말하고 있다. 물론 이런 바탕하에서 때로는 밖, 즉 남의 신·수·심·법에 마음을 챙기라고도 하시고, 때로는 나와 남 둘 다의 신·수·심·법에 마음을 챙기라고도 하신다(D22 등). 그러나 그 출발은 항상 나 자신이다.

둘째, 무엇보다 중요한 것은 개념적 존재paññatti의 해체이다. 이것이 부처님께서 「마음챙김의 확립 상윳따」 등에서 마음챙김의 대상을 몸·

느낌·마음·법으로 해체해서 제시하시는 가장 중요한 이유라고 생각한
다. 나, 내 것, 산, 강, 컴퓨터, 자동차, 우주 등의 개념적 존재를 해체할
때 무상·고·무아를 보편적 특징共相으로 하는 법dhamma 法이 분명하게
드러난다. 법의 무상·고·무아를 보면 존재를 두고 갈애와 무명을 일으
키지 않게 된다.

해체는 중요하다. 해체의 중심에는 '나'라는 존재가 있다. 중생들은 무
언가 불변하는 참나를 상정하고 그것을 거머쥐려 한다. 이것이 모든 취
착 가운데 가장 큰 취착이다. 해체하지 못하면 개념적 존재에 속는다.
해체하면 법을 보고 지금 여기에서 해탈·열반을 실현한다.

셋째, 마음챙김은 대상이 중요하다. 「대념처경」에서 '나'라는 존재를
몸·느낌·마음·법으로 해체하고 다시 이를 21가지나 44가지로 더 분해
해서 마음챙김의 대상으로 제시하신 것은 이렇게 중요한 의미를 가지고
있다.

'나'라는 존재를 개념으로 뭉쳐두고 '나는 누구인가?'라고 궁구해 들
어가면 '참나', '진아', '대아'라는 잘못된 관념에 빠지게 되고 이를 두고
영원하다常거나 즐겁다樂거나 자아我라거나 깨끗하다淨라고 착각하게
된다. '나'라는 존재를 몸·느낌·마음·법으로 해체해서 이들을 통찰해
들어가면 무상無常이나 고苦나 무아無我나 더러움不淨에 사무치게 되고 그
래서 염오-이욕-해탈-구경해탈지를 체득하게 된다.(본서 89쪽 이하
참조)

넷째, 마음챙김으로 사마타와 위빳사나를 통합하고 있다. 불교의 수
행법은 크게 사마타 수행과 위빳사나 수행으로 구분된다. 사마타 수행

은 삼매 수행과 동의어로 지止로 한역되었고, 위빳사나 수행은 통찰지 수
행과 동의어로 관觀으로 한역되었다. 지관수행은 중국불교를 지탱해 온
수행법이기도 하다.

집중止이든 관찰觀이든 마음챙김 없이는 닦을 수 없다. 사마타는 표상
이라는 개념적 존재paññatti를 대상으로 하고, 위빳사나는 찰나생 찰나
멸하는 법dhamma을 대상으로 한다. 그 대상이 어떤 것이든 마음챙김
이 없이는 표상에 집중하는 사마타도, 법의 무상·고·무아를 통찰하는
위빳사나도 있을 수 없다. 마음챙김은 두 종류의 수행에 공통적으로 중
요한 심리현상이다. 그래서 「불火 경」(S46:53)은 "마음챙김은 항상 유익
하다"라고 강조하고 있다.

다섯째, 「마음챙김의 확립 상윳따」와 「대념처경」은 사성제를 관찰해
서 구경의 지혜aññā를 증득하는 것으로 결론 맺고 있다. 다시 말하면
무상·고·무아의 삼특상 가운데 고苦의 특상과 그 원인集과 소멸滅과 소
멸에 이르는 길道을 꿰뚫어 아는 것으로 해탈·열반의 실현을 설명하고
있다.

『청정도론』에 의하면 해탈에는 세 가지 관문이 있다. 그것은 무상·
고·무아이다. 무상을 꿰뚫어 알아서 체득한 해탈을 표상 없는 해탈無相
解脫이라고 하고, 고를 꿰뚫어 알아 증득한 해탈을 원함 없는 해탈無願解
脫이라고 하고, 무아를 꿰뚫어 알아 요달한 해탈을 공한 해탈空解脫이라
고 한다(Vis.XXI.70).

그러므로 마음챙기는 공부는 고를 통찰하는 원함 없는 해탈로 결론
짓는다고 할 수 있다. 이렇게 사성제를 철견하는 것이야말로 초기경에서

초지일관되게 설명하고 있는 깨달음이요, 열반의 실현이다.

> "비구들이여, 네 가지 마음챙김의 확립을 닦고 많이 공부 지
> 으면 그것은 염오로 인도하고, 탐욕의 빛바램으로 인도하고,
> 소멸로 인도하고, 고요함으로 인도하고, 최상의 지혜로 인도하
> 고, 바른 깨달음으로 인도하고, 열반으로 인도한다."
>
> 「욕망의 빛바램 경」(S47:32)

❝마음챙김의 대상은 나 자신이다.
   내 안에서 벌어지는 현상을 챙기는 것이 중요하다.
   해탈·열반은 내가 성취하는 것이기 때문이다.❞

사념처⑤: 들숨날숨에 마음챙기는 공부

들숨날숨ānāpāna은 네 가지 마음챙기는 공부의 21가지 명상주제 가운데서 맨 처음에 언급된 마음챙김의 대상으로, 중국에서는 안반安般으로 음역되었고 출입식出入息으로 옮겨졌다. 들숨날숨은『맛지마 니까야』에「들숨날숨에 대한 마음챙김 경」(M118)으로 따로 독립되어 나타나기도 하고「들숨날숨 상윳따」(S54)로 편성되어 모두 20개의 경들을 담고 있기도 하다. 그만큼 들숨날숨은 특별히 관심을 가져야 하는 명상주제이다.

부처님께서는 어떤 수행법을 통해서 깨달음을 얻으셨을까? 만일 부처님께서 직접 행하신 수행법이 있다면 그것은 무엇일까? 부처님의 성도과정을 언급하고 있는『맛지마 니까야』「삿짜까 긴 경」(M36)의 주석서에 보면 부처님께서는 '들숨날숨에 대한 마음챙김出入息念'을 통해서 증득한 초선이 깨달음을 얻는 길이라고 판단하셨다고 언급하고 있다.

「라훌라를 교계한 긴 경」(M62)에 보면 부처님께서는 외아들인 라훌라 존자에게도 이 들숨날숨에 마음챙기는 공부를 가르치고 계신다. 여러 주석서들은 아난다 존자 등 중요한 직계제자들도 들숨날숨에 마음챙기는 공부를 통해서 아라한과를 얻었다고 언급하고 있다. 나아가서 『디가 니까야 주석서』는 들숨날숨에 대한 마음챙김의 확립은 "모든 부처님과 벽지불과 성문들이 특별함을 증득하여 지금 여기서 행복하게 머무는 기초가 된다"(DA.iii.763)고 설명하고 있다. 이처럼 들숨날숨에 대한 마음챙김은 불교 수행에서 각별한 위치를 차지하고 있다.

상좌부 불교의 부동의 준거가 되는 『청정도론』에도 들숨날숨에 대한 마음챙김은 아주 상세하게 설명되어 있다. 『청정도론』은 특히 「들숨날숨 상윳따」의 모든 경들에 나타나고 있는 16단계의 정형구를 토대로 들숨날숨에 마음챙기는 공부를 설명하고 있는데 이는 다음의 16단계로 정리되어 나타난다.

"①길게 들이쉬면서는 '길게 들이쉰다'고 꿰뚫어 알고, 길게 내쉬면서는 '길게 내쉰다'고 꿰뚫어 안다.

②짧게 들이쉬면서는 '짧게 들이쉰다'고 꿰뚫어 알고, 짧게 내쉬면서는 '짧게 내쉰다'고 꿰뚫어 안다.

③'온몸을 경험하면서 들이쉬리라'며 공부 짓고, '온몸을 경험하면서 내쉬리라'며 공부 짓는다.

④'몸의 작용을 편안히 하면서 들이쉬리라'며…

⑤'희열을 경험하면서 들이쉬리라'며…

⑥'행복을 경험하면서 들이쉬리라'며…

⑦'마음의 작용을 경험하면서 들이쉬리라'며…

⑧'마음의 작용을 편안히 하면서 들이쉬리라'며…

⑨'마음을 경험하면서 들이쉬리라'며…

⑩'마음을 기쁘게 하면서 들이쉬리라'며…

⑪'마음을 집중하면서 들이쉬리라'며…

⑫'마음을 해탈케 하면서 들이쉬리라'며…

⑬'무상을 관찰하면서 들이쉬리라'며…

⑭'탐욕이 빛바램을 관찰하면서 들이쉬리라'며…

⑮'소멸을 관찰하면서 들이쉬리라'며…

⑯'놓아버림을 관찰하면서 들이쉬리라'며 공부 짓고 '놓아버림을 관찰하면서 내쉬리라'며 공부 짓는다."

이 중 ①~④의 넷은 사념처의 몸에 대한 마음챙김의 확립身念處에 해당하고 ⑤~⑧은 느낌에 대한 마음챙김의 확립受念處에, ⑨~⑫는 마음에 대한 마음챙김의 확립心念處에, ⑬~⑯은 법에 대한 마음챙김의 확립法念處에 해당한다.

『청정도론』에서는 이 가운데서 첫 번째 네 개조 ①~④는 초심자를 위한 가장 기본이 되는 명상주제이며, 나머지 세 개의 네 개조 ⑤~⑯은 ①~④를 통해서 삼매를 증득한 자를 위해서 각각 느낌, 마음, 법의 관찰을 설한 것이라고 설명하고 있다.

특히 『청정도론』에서는 이 들숨날숨에 마음챙기는 공부법을 ①헤아림 ②연결 ③닿음 ④안주함 ⑤주시 ⑥환멸還滅 ⑦두루 청정함 ⑧되돌아봄의 여덟 단계로 설명한다. 이것은 안세고 스님이 옮긴 「불설대안반수의경佛說大安般守意經」에 '마음챙김의 여섯 가지 경우'로 나타나는 수數·

수隨·지止·관觀·환還·정淨의 여섯 단계의 수행과 일맥상통하는 가르침
이고, 구마라집 스님이 옮긴 「좌선삼매경坐禪三昧經」에서 '들숨날숨을 통
한 삼매의 6종문 16분'에 나타나는 수數·수隨·지止·관觀·전관轉觀·정淨
과도 비교가 되는 중요한 가르침이다.

　여기서 주목해야 할 점은 『청정도론』에서는 들숨날숨을 챙기는 것을
"숨이 닿는 부분에 마음챙김을 두고"(Vis.VIII.194)라고 구체적으로 설명
하고 있다는 것이다. 이것은 들숨날숨에 마음챙기는 공부에 대한 가장
중요한 설명으로 미얀마 등의 여러 초기불교 수행처에서 가르치고 있는
수행법의 근거가 되고 있다.

> **"** 들숨날숨에 마음챙기는 공부는
> 불교 수행에서 각별한 위치를 차지하고 있는 수행법으로
> 부처님께서 깨달음을 얻으신 수행법이며,
> 여러 직계 제자들이 아라한과를 증득한 수행법이며,
> 모든 부처님과 벽지불과 성문들이 깨달음을 얻은 수행법이다. **"**

사정근: 네 가지 바른 노력

초기불교의 수행법을 체계적으로 담고 있는 37보리분법 가운데 두 번째는 네 가지 바른 노력cattaro sammappadhāna 四正勤이다. 여기서 노력 padhāna은 정진vīriya과 동의어이다. 그러면 무엇이 네 가지 바른 노력인가?

"비구들이여, 네 가지 바른 노력四正勤이 있다. 무엇이 넷인가? 비구들이여, 비구는 ①아직 일어나지 않은 사악하고 해로운 법不善法들을 일어나지 못하게 하기 위해서 열의를 생기게 하고 정진하고 힘을 내고 마음을 다잡고 애를 쓴다. ②이미 일어난 사악하고 해로운 법들을 제거하기 위해서 열의를 생기게 하고 정진하고 힘을 내고 마음을 다잡고 애를 쓴다. ③아직 일어나지 않은 유익한 법善法들을 일어나도록 하기 위해서 열의를 생기게 하고 정진하고 힘을 내고 마음을 다잡고 애를 쓴다. ④이

미 일어난 유익한 법들을 지속시키고 사라지지 않게 하고 증장
시키고 충만하게 하고 닦아서 성취하기 위해서 열의를 생기게
하고 정진하고 힘을 내고 마음을 다잡고 애를 쓴다."

「동쪽으로 흐름 경」(S49:1)

이 정형구에서 보듯이 바른 노력, 혹은 바른 정진은 불선법에 대한 두
가지와 선법에 대한 두 가지의 네 가지로 구성되어 있다. 이 네 가지 바른
노력은 팔정도의 여섯 번째인 바른 정진正精進의 내용이고, 오근의 두 번
째인 정진의 기능精進根의 내용이고, 오력의 두 번째인 정진의 힘精進力의
내용이며, 칠각지의 세 번째인 정진의 깨달음의 구성요소精進覺支의 내용
이고 네 가지 성취수단의 두 번째인 정진의 성취수단의 내용이기도 하다.

바른 노력에서 가장 중요한 것은 유익한 법, 즉 선법kusala-dhamma
善法과 해로운 법, 즉 불선법akusala-dhamma 不善法의 판단이다. 이것이
없으면 바른 노력을 할 수가 없다. 칠각지에서는 선법과 불선법의 판단
을 법을 간택하는 깨달음의 구성요소擇法覺支라고 하여 중시하고 있다.
그렇기 때문에 법을 간택하는 깨달음의 구성요소 다음에 정진의 깨달음
의 구성요소精進覺支가 나타난다.

경전에서 법을 간택하는 깨달음의 구성요소는 다음과 같이 정의되고
있다.

"비구들이여, 유익하거나 해로운 법들, 나무랄 데 없는 것과
나무라야 마땅한 법들, 받들어 행해야 하는 것과 받들어 행하

지 말아야 하는 법들, 고상한 것과 천박한 법들, 흑백으로 상반되는 갖가지 법들이 있어 거기에 지혜롭게 마음에 잡도리하기를 많이 공부 지으면 이것이 아직 일어나지 않은 법을 간택하는 깨달음의 구성요소를 일어나게 하고 이미 일어난 법을 간택하는 깨달음의 구성요소를 닦아서 성취하게 하는 자양분이다."

「몸 경」(S46:2)

그러면 무엇이 불선법이고 무엇이 선법인가? 주석서들은 불선법을 10불선업도(DA.ii.644; MA.i.197)와 다섯 가지 장애(MA.iii.145) 등을 포함한 14가지 해로운 마음부수법들(DA.iii.843)로 설명하고 있다. 십불선업은 생명을 죽임, 주지 않은 것을 가짐, 삿된 음행, 거짓말, 중상모략, 욕설, 잡담, 탐욕, 악의, 삿된 견해이고, 14가지 해로운 마음부수법들은 어리석음, 양심없음, 수치심없음, 들뜸, 탐욕, 사견, 자만, 성냄, 질투, 인색, 후회, 해태, 혼침, 의심이다.

한편 선법은 「확신경」(D28)등과 주석서들에서 10선업도와 37보리분법 등으로 설명하고 있다. 10선업은 생명을 죽이는 것을 금함, 주지 않은 것을 가지는 것을 금함, 삿된 음행을 금함, 거짓말을 금함, 중상모략을 금함, 욕설을 금함, 잡담을 금함, 탐욕 없음, 악의 없음, 바른 견해이다.

결론적으로 말하면 비난받을 일이 없는 행복한 과보를 가져오며, 궁극적 행복인 해탈·열반에 도움이 되는 37보리분법 등은 선법이고, 그렇지 못한 10불선업도나 14가지 해로운 마음부수법들은 불선법이다. 이처럼 초기불교에서 말하는 바른 정진, 혹은 바른 노력이란 해탈·열반에 방해가 되는 불선법들을 제거하고 해탈·열반에 도움이 되는 선법들을 일 어나게 하는 것이다.

> " 네 가지 바른 노력은
>
> 아직 일어나지 않은 해로운 법들은 일어나지 못하게 하고,
>
> 이미 일어난 해로운 법들은 제거하고,
>
> 아직 일어나지 않은 유익한 법들은 일어나게 하고,
>
> 이미 일어난 유익한 법들은 증장시키는 것이다."

158

사여의족: 네 가지 성취수단

초기불교의 수행법을 체계적으로 담고 있는 37보리분법 가운데 세 번째 주제는 네 가지 성취수단iddhi-pāda 四如意足이다. 경에서 잇디iddhi는 신통이나 성취를 의미하고 빠다pāda는 다리足를 뜻한다. 중국에서는 이를 여의족如意足으로 옮겼다. 주석서는 '성취를 위한 수단'과 '성취가 된 수단'의 두 가지로 설명하고 있다(SA.iii.250).

성취수단은 열의chanda, 정진viriya, 마음citta, 검증vīmaṁsa의 네 가지이다. 경에서 네 가지 성취수단은 다음과 같이 정형화되어 나타난다.

"비구들이여, 여기 비구는 열의를 〔주로 한〕 삼매와 노력의 의도적 행위行를 갖춘 성취수단을 닦는다. 정진을 〔주로 한〕 삼매와 노력의 의도적 행위를 갖춘 성취수단을 닦는다. 마음을 〔주로 한〕 삼매와 노력의 의도적 행위를 갖춘 성취수단을 닦는다. 검증을 〔주로 한〕 삼매와 노력의 의도적 행위를 갖춘 성취수단을 닦는다."

「이 언덕 경」(S51:1)

　성취수단의 정형구에는 ①삼매 ②노력의 의도적 행위 ③삼매를 얻는데 필요한 네 가지 특별한 요소들, 즉 열의, 정진, 마음, 검증〔통찰지〕의 세 가지가 포함되어 나타난다. 여기서 보듯이 네 가지 성취수단에서의 성취는 '삼매의 성취'를 말한다. 그리고 삼매, 특히 제4선을 닦아 얻게 되는 '신통의 성취'도 포함된다. 이처럼 삼매를 성취하고 신통을 성취하는데 없어서는 안 되는 열의, 정진, 마음, 검증이라는 네 가지가 네 가지 성취수단이다. 경전에 보면 네 가지 성취수단에 관련된 내용이 다음과 같이 나온다.

　　"비구들이여, 만일 비구가 열의를 의지하여 삼매를 얻고 마음이 한끝에 집중됨心一境性을 얻으면 이를 일러 열의를 주로 한 삼매라 한다. … 비구들이여, 만일 비구가 정진을 의지하여 … 비구들이여, 만일 비구가 마음을 의지하여 … 비구들이여, 만일 비구가 검증을 의지하여 삼매를 얻고 마음이 한끝에 집중됨을 얻으면 이를 일러 검증을 주로 한 삼매라 한다."

「열의를 주로 한 삼매 경」(S51:13)

　이 가르침에서 성취수단은 '삼매를 성취하는 수단'을 뜻한다.

"비구들이여, 과거에 … 미래에 … 현재에 크나큰 신통력과 크나큰 위력이 있는 사문들이나 바라문들은 누구든지 네 가지 성취수단을 닦고 많이 [공부] 짓는 자들이다."

「사문·바라문 경」(S51:16)

이 가르침에서 성취수단은 '신통을 성취하는 수단'을 의미한다.

"비구들이여, 네 가지 성취수단을 게을리하는 사람들은 누구든지 바르게 괴로움의 멸진으로 인도하는 성스러운 도를 게을리하는 것이다. 비구들이여, 네 가지 성취수단을 열심히 행하는 자들은 누구든지 괴로움의 멸진으로 인도하는 성스러운 도를 열심히 행하는 것이다."

「게을리함 경」(S51:2)

"비구들이여, 네 가지 성취수단을 닦고 많이 [공부] 지으면 그것은 염오로 인도하고, 탐욕의 빛바램으로 인도하고, 소멸로 인도하고, 고요함으로 인도하고, 최상의 지혜로 인도하고, 바른 깨달음으로 인도하고, 열반으로 인도한다."

「염오경」(S51:4)

이 가르침에서 성취수단은 '깨달음과 열반을 성취하는 수단'을 뜻한다. 이처럼 초기불전의 여러 경들을 종합해 보면 네 가지 성취수단은

삼매를 성취하는 수단도 되고, 신통을 성취하는 수단도 되며, 깨달음과
열반을 성취하는 수단도 된다.

> **"**네 가지 성취수단은
> 삼매를 성취하고, 신통을 성취하고,
> 열반을 성취하는 데 없어서는 안 되는
> 열의·정진·마음·검증의 네 가지를 말한다.**"**

오근: 다섯 가지 기능

37보리분법 가운데 네 번째 주제는 다섯 가지 기능pañca indriya 五根이다. 빤짜pañca는 다섯을 뜻하고 인드리야indriya는 기능이나 능력을 뜻한다. 중국에서는 이것을 오근五根으로 직역하였다. 이 다섯 가지 기능은 앞에서 살펴본 22가지 기능에 포함되어 나타나기도 한다. 22가지 기능이 교학의 입장에서 여러 기능들을 정리한 것이라면 다섯 가지 기능은 수행의 입장에서 깨달음과 열반을 실현하기 위해서 반드시 계발해야 할 능력들을 열거한 것이라고 할 수 있다.

'기능'으로 옮긴 인드리야indriya는 인도의 베다 문헌과 불교 문헌 등에 많이 등장하는 신들의 왕인 인드라Indra에서 파생된 단어로, 인드라처럼 '지배력을 가진 것'이라는 의미이다. 초기경들은 이러한 기능으로 믿음의 기능信根, 정진의 기능精進根, 마음챙김의 기능念根, 삼매의 기능定根, 통찰지의 기능慧根의 다섯 가지를 들고 있으며, 이것을 다섯 가지 기능이라고 부른다.

『상윳따 니까야』의 「기능 상윳따」는 22가지 기능에 관계된 가르침을 모은 것이다. 여기에는 반복된 경들을 제외하고 70개의 경이 포함되어 있는데, 이 가운데 50개의 경이 다섯 가지 기능에 대한 가르침을 담고 있다. 이처럼 오근은 22가지 기능 가운데서도 가장 중요한 가르침이다.

「기능 상윳따」의 여러 경은 오근을 닦아서 예류자가 되고(S48:2), 아라한이 되며(S48:4), 오근을 가진 자가 진정한 사문·바라문이라고 강조하고 있다(S48:6). 그러면 오근의 각각은 구체적으로 무엇을 뜻하는지 경전을 통해 살펴보자.

> "비구들이여, 그러면 믿음의 기능은 어디서 봐야 하는가? 믿음의 기능은 여기 네 가지 예류자의 구성요소에서 봐야 한다.
>
> 비구들이여, 그러면 정진의 기능은 어디서 봐야 하는가? 정진의 기능은 여기 네 가지 바른 노력에서 봐야 한다.
>
> 비구들이여, 그러면 마음챙김의 기능은 어디서 봐야 하는가? 마음챙김의 기능은 여기 네 가지 마음챙김의 확립에서 봐야 한다.
>
> 비구들이여, 그러면 삼매의 기능은 어디서 봐야 하는가? 삼매의 기능은 여기 네 가지 선禪에서 봐야 한다.
>
> 비구들이여, 그러면 통찰지의 기능은 어디서 봐야 하는가? 통찰지의 기능은 여기 네 가지 성스러운 진리에서 봐야 한다."
>
> 「보아야 함 경」(S48:8)

다른 경(S48:10)과 비교해서 종합적으로 살펴보면 믿음信은 불·법·승·
계에 대한 믿음이고, 정진精進은 선법·불선법의 판단에 기초한 네 가지 바
른 노력을 뜻하며, 마음챙김念은 몸·느낌·마음·법을 챙기는 네 가지 마
음챙김으로 정리되고, 삼매定는 초선부터 제4선까지를 뜻하며, 통찰지慧
는 고집멸도의 네 가지 성스러운 진리를 꿰뚫어 아는 것을 의미한다.

『청정도론』은 다음과 같이 다섯 가지 기능을 조화롭게 닦는 것의 중요
성을 크게 강조하고 있다.

"여기서 특별히 믿음과 통찰지의 균등함samatā과 삼매와 정
진의 균등함을 권한다. 믿음이 강하고 통찰지가 약한 자는 미신
이 되고, 근거 없이 믿는다. 통찰지가 강하고 믿음이 약한 자는
교활한 쪽으로 치우친다. 약으로 인해 생긴 병처럼 치료하기가
어렵다. 두 가지 모두 균등함을 통해서 믿을 만한 것을 믿는다.

삼매는 게으름kosajja으로 치우치기 때문에 삼매가 강하고 정
진이 약한 자는 게으름에 의해 압도된다. 정진은 들뜸uddhacca
으로 치우치기 때문에 정진이 강하고 삼매가 약한 자는 들뜸에
의해 압도된다. 삼매가 정진과 함께 짝이 될 때 게으름에 빠지지
않는다. 정진이 삼매와 함께 짝이 될 때 들뜸에 빠지지 않는다.
그러므로 그 둘 모두 균등해야 한다. 이 둘이 모두 균등하여 본
삼매를 얻는다. …

마음챙김은 모든 곳에서 강하게 요구된다. 마음챙김은 마음
이 들뜸으로 치우치는 믿음과 정진과 통찰지로 인해 들뜸에 빠

지는 것을 보호하고, 게으름으로 치우치는 삼매로 인해 게으름
에 빠지는 것을 보호한다. 그러므로 이 마음챙김은 모든 요리
에 맛을 내는 소금과 향료처럼, 모든 정치적인 업무에서 일을
처리하는 대신처럼 모든 곳에서 필요하다."

『청정도론』(Vis.IV.47, 49)

이처럼 다섯 가지 기능 중 믿음은 통찰지와 균형을 이루어야 하고, 삼
매는 정진과 균형을 이루어야 하며, 마음챙김은 모든 곳에서 강하게 요
구되고 유익하다고 강조된다.

" 믿음의 기능은 불·법·승·계에 대한 믿음이고,
    정진은 기능은 네 가지 바른 노력을 뜻하며,
    마음챙김의 기능은 몸·느낌·마음·법에 대한 마음챙김이고,
    삼매의 기능은 초선부터 제4선까지를 뜻하며,
    통찰지의 기능은 사성제를 꿰뚫어 아는 것을 뜻한다. "

오력: 다섯 가지 힘

37보리분법을 구성하고 있는 일곱 가지 주제 가운데 다섯 번째는 다섯 가지 힘pañca-bala 五力이다. 다섯 가지 힘은『상윳따 니까야』「힘 상윳따」의 기본 주제이며 초기불전의 여러 곳에 나타나는 다섯 가지 기능五根과 같은 내용이다. 단지 다섯 가지 기능이 '믿음의 힘, 정진의 힘, 마음챙김의 힘, 삼매의 힘, 통찰지의 힘'으로 나타나는 것만 다르다(S50:1 등).

이처럼 믿음 등의 다섯 가지 구성요소들은 기능으로도 나타나고 힘으로도 나타난다.『상윳따 니까야』에서 부처님께서는 이렇게 말씀하고 계신다.

"믿음의 기능이 곧 믿음의 힘이고 믿음의 힘이 곧 믿음의 기능이다. 정진의 기능이 곧 정진의 힘이고 정진의 힘이 곧 정진의 기능이다. 마음챙김의 기능이 곧 마음챙김의 힘이고 마음챙김의 힘이 곧 마음챙김의 기능이다. 삼매의 기능이 곧 삼매의

힘이고 삼매이 힘이 곧 삼매의 기능이다. 통찰지의 기능이 곧
통찰지의 힘이고 통찰지의 힘이 곧 통찰지의 기능이다."

「사께따 경」(S48:43)

이러한 말씀에 의하면 기능과 힘 사이에는 근본적인 차이점이 없고,
단지 같은 요소들을 다른 두 각도에서 바라본다는 점에서 차이가 있을
뿐이다. 그러면 이 둘의 차이는 무엇인가? 기능은 통제하고 지배하는 것
을 의미하고 힘은 반대되는 것에 의해서 흔들리지 않는 것을 뜻한다. 주
석서는 다음과 같이 설명하고 있다.

'확신'을 특징으로 하는 것에 대해서 통제를 한다는 뜻에서
믿음의 '기능'이라 하고, '불신'에 의해서 흔들리지 않기 때문에
믿음의 '힘'이라 한다. 나머지들은 각각 '분발'과 '확립'과 '산란하
지 않음'과 '꿰뚫어 앎'을 특징으로 하는 것에 대해서 통제를 한
다는 뜻에서 '기능根'이 되고, 각각 '게으름'과 '마음챙김을 놓아
버림'과 '산란함'과 '무명'에 의해서 흔들리지 않기 때문에 '힘ヵ'
이 된다고 알아야 한다.

『상윳따 니까야 주석서』(SA.iii.247)

다시 정리해 보면, 믿음은 확신 등의 측면에서 보면 믿음의 기능이 되
고 불신에 흔들리지 않는 측면에서 보면 믿음의 힘이 된다. 정진은 분발
하는 측면에서 보면 정진의 기능이 되고 게으름에 흔들리지 않는 측면

에서 보면 정진의 힘이 된다. 마음챙김은 확립의 측면에서 보면 마음챙김의 기능이 되고 마음챙김을 놓아버림에 흔들리지 않는 측면에서 보면 마음챙김의 힘이 된다. 삼매는 산란하지 않음의 측면에서 보면 삼매의 기능이 되고 산란함에 흔들리지 않는 측면에서 보면 삼매의 힘이 된다. 통찰지는 꿰뚫어 앎의 측면에서 보면 통찰지의 기능이 되고 무명에 흔들리지 않는 측면에서 보면 통찰지의 힘이 된다. 이렇게 기능과 힘을 구분하는 것이 아비담마의 정설이다.

『아비담마 길라잡이』에서는 "기능들은 그 각각의 영역에서 지배하는 요소들이고 힘들은 반대되는 것들에 의해서 흔들리지 않고 이들과 함께하는 법들을 강하게 만드는 요소들이다"라고 설명하고 있다.

" 기능과 힘 사이에는 근본적인 차이점이 없고,
단지 같은 요소들을 다른 두 각도에서 바라본다는 점에서
차이가 있을 뿐이다.
즉 기능은 통제하는 것을 뜻하고,
힘은 반대되는 것에 의해 흔들리지 않는 것을 뜻한다. "

오근·오력과 간화선

『선가귀감』 등에서는 간화선 수행의 필수 요소로 대신근大信根, 대분지大憤志, 대의정大疑情의 세 가지를 들고 있다. 이것은 솥의 세 발과 같아서 이 셋이 튼튼하게 갖추어지지 않으면 결코 화두는 타파될 수 없고 견성見成이란 불가능하며 간화선은 의리선義理禪이 될 수밖에 없다고 한다.

첫째, 대신근은 화두 자체를 믿는 것과 함께 화두를 제시해 준 스승의 가르침을 믿는 것이다. 『육조단경』에는 "능히 자성을 깨치지 못하면 모름지기 선지식의 지도를 받아서 자성을 보라"고 하고 있다. 대혜大慧 스님은 "이 마음이 있다면 부처가 되지 못할 자가 없습니다. 사대부가 도를 배우되 대다수 스스로가 걸림돌을 만드는 것은 굳센 믿음이 없기 때문입니다"라고 말하고 있다. 대신근은 다섯 가지 기능의 첫 번째인 믿음과 대응된다.

둘째, 대분지는 화두참구話頭參究를 줄기차게 진행시켜 나아가는 정진이다. 해태의 마음이나 그 외 불선법들이 마음에 일어나더라도 그것에 지배당하지 않고 끊임없이 화두를 챙기려는 노력이다. 이번 생 한 번 태어나지 않은 셈 치고 화두를 들다가 죽을지언정 화두에서 물러나지 않으려는 간절한 노력이다. 대분지는 다섯 가지 기능의 두 번째인 정진에 해당한다.

셋째, 대의정은 화두에 강력한 의정을 일으켜서 나아가려야 나아갈 수도 없고 물러서려야 물러설 수도 없는 의단독로疑團獨露를 말한다. 간화선의 주창자인 대혜 스님은 혼침昏沈·망회忘懷 등과 도거掉擧·저의著意·관대管帶 등 선병禪病을 극복하지 못하면 생사윤회의 미혹으로부터 벗어나지 못한다고 지적하고 있다.

대혜 스님이 간화선을 주창하게 된 근본 이유 중의 하나가 화두를 참구하는 것은 혼침과 도거를 제거하는 가장 강력한 수단이기 때문이다. 여기서 혼침은 거듭거듭 화두를 제기함으로써 극복되며 화두의 제기는 바로 다섯 가지 기능 중 지혜, 즉 통찰지의 기능이다. 들뜸은 적정처에서 면밀하게 화두를 듦으로써 극복되는데 이런 주도면밀함은 다름 아닌 다섯 가지 기능 중 삼매의 기능을 말한다. 이렇게 화두를 면밀하게 제기하는 것을 우리는 '화두를 챙긴다'고 표현한다. 여기서 챙긴다는 것은 마음이 화두를 물샐틈없이 들고 있는 것을 말하며 이것은 다섯 가지 기능 중 마음챙김의 기능이다.

이처럼 화두 공부의 필수 요소로 자성청정심과 선지식을 신뢰하는 믿음信, 분발하는 정진精進, 화두를 챙기는 마음챙김念, 고요함定, 그리고 분별경계를 뛰어넘는 통찰지慧라는 다섯 가지를 들 수 있을 것이다. 여기서 보듯이 간화선의 대신근·대분지·대의단은 초기불교의 다섯 가지 기능, 혹은 다섯 가지 힘인 믿음·정진·마음챙김·삼매·통찰지와 같은 내용임을 알 수 있다. 특히 간화선의 의정은 초기불교와 상좌부 불교에서 강조하는 마음챙김·삼매·통찰지의 세 가지 심리현상이 극대화된 상태라고 설명할 수 있다.

　간화선도 불교 수행법이므로 부처님의 가르침에서 이론적인 출처를 찾을 필요가 있다. 특히 간화선에서 제일 강조하는 의정을 일으킨다는 것을 불교 교학적으로 어떻게 이해해야 할 것인가는 중요한 문제이다. 의정을 초기불교 수행법의 핵심이라고 할 수 있는 마음챙김·삼매·통찰지의 셋이 조화롭게 계발되는 것이라고 설명하는 관점은 앞으로 분명히 평가를 받지 않을까 생각해 본다.

> **"** 간화선의 대신근·대분지·대의정은
> 　초기불교의 다섯 가지 기능, 혹은 다섯 가지 힘인
> 　믿음·정진·마음챙김·삼매·통찰지와
> 　같은 내용이라고 할 수 있다. **"**

칠각지: 일곱 가지 깨달음의 구성요소

일곱 가지 깨달음의 구성요소satta bojjhaṅga 七覺支는 37보리분법의 일곱 가지 주제 가운데 여섯 번째에 해당한다. 일곱 가지 깨달음의 구성요소는 『상윳따 니까야』 「깨달음의 구성요소 상윳따」의 주제이기도 하다.

여기서 '깨달음의 구성요소'로 옮긴 봇장가bojjhaṅga는 깨달음bodhi 覺과 구성요소aṅga 支의 합성어이다. 주석서는 이 합성어를 '깨달음의 구성요소'와 '깨달은 분의 구성요소' 두 가지로 풀이하고 있는데 경들에서는 주로 전자의 의미로 나타난다. 깨달음의 구성요소는 모두 일곱 가지로 정리되어 나타나며 그것은 다음과 같다.

①마음챙김의 깨달음의 구성요소sati-sambojjhaṅga 念覺支

②법을 간택하는 깨달음의 구성요소dhamma-vicaya-sambojjhaṅga

擇法覺支

③정진의 깨달음의 구성요소vīriya-sambojjhaṅga 精進覺支

④희열의 깨달음의 구성요소pīti-sambojjhaṅga 喜覺支

⑤고요함의 깨달음의 구성요소passaddhi-sambojjhaṅga 輕安覺支

⑥삼매의 깨달음의 구성요소samādhi-sambojjhaṅga 定覺支

⑦평온의 깨달음의 구성요소upekkhā-sambojjhaṅga 捨覺支

초기불전에서 일곱 가지 깨달음의 구성요소는 반드시 이 순서대로 나타난다. 그러므로 21가지, 혹은 44가지로 정리되는 마음챙김의 대상 가운데 하나에 마음을 챙기고念覺支, 이를 바탕으로 해탈·열반에 도움이 되는 선법인지 그렇지 않은 불선법인지를 간택하고擇法覺支, 그래서 선법은 증장시키고 불선법은 없애기 위해서 노력해야 한다精進覺支. 이렇게 정진을 해나가면 크나큰 희열이 생기고喜覺支, 이를 바탕으로 마음은 고요함을 체득하게 된다輕安覺支. 그래서 마음은 본삼매에 들게 되고定覺支, 제4선에서 성취되는 평온에 머물거나 모든 유위법들에 대해서 흔들리지 않는 평온을 얻게 된다捨覺支. 이것이 칠각지가 수행자들에게 제시하는 기본적인 가르침이라 할 수 있다.

그러면 부처님께서는 왜 깨달음의 구성요소로 일곱 가지만 설하셨는가? 주석서는 "①혼침과 들뜸에 반대되는 것으로서 ②모든 곳에 이로운 것으로서 ③모자라지도 더하지도 않게 이 일곱 가지만 설하셨다. 혼침의 상태에서는 그와 반대되는 택법·정진·희열의 세 가지 깨달음의 구성요소를 닦는 것이 적당하고, 들떠 있을 때에는 그와 반대되는 고요함·삼매·평온의 세 가지 깨달음의 구성요소를 닦는 것이 적당하고, 마음챙김의 깨달음의 구성요소는 모든 곳에 이롭다고 설하셨기 때문이다. 그래서 이 일곱 가지 깨달음의 구성요소만 설하신 것이다"(MA.i.85)라고 설명하고 있다.

경전에서 일곱 가지 깨달음의 구성요소는 다섯 가지 장애와 반대되는 개념으로 나타난다. 예를 들면 「덮개 경」(S46:37)에서 다섯 가지 장애는 "덮개요 장애이니 이것은 마음을 압도하고 통찰지를 무력하게 만들지만" 칠각지는 "덮개가 아니요 장애가 아니며 마음의 오염원이 아니니 이를 닦고 많이 〔공부〕 지으면 명지와 해탈의 결실을 실현함으로 인도한다" 라고 설명된다.

한편 경장과 논장과 주석서는 칠각지를 두고 각각 다른 입장을 보인다. 경장은 칠각지를 아직 깨닫지 못한 자들이 깨닫기 위해서 닦는 '세간적인 도'라고 설명하여 칠각지를 닦아야 깨달음을 성취한다는 점을 강조한다(S46:5 등). 그러나 논장은 이 일곱 가지는 예류자부터 아라한까지의 깨달은 성자들만이 완성하여 갖추는 '출세간적인 도'라고 말한다(Vbh.229~232). 주석서 문헌은 이를 세간적인 도와 출세간적인 도에 다 적용되는 '혼합된 도'라고 설명한다(SA.iii.138).

> " 마음챙김의 대상 가운데 하나에 마음을 챙기고,
> 해탈·열반에 도움이 되는 선법인지
> 그렇지 않은 불선법인지를 간택하고,
> 선법은 증장시키고 불선법은 없애기 위해서 노력해야 한다.
> 이렇게 정진을 하면 크나큰 희열이 생기고,
> 마음은 고요함을 체득하게 된다.
> 마음은 본삼매에 들게 되고,
> 모든 유위법들에 대해서 흔들리지 않는 평온을 얻게 된다. "

팔정도①: 부처님 최초의 설법이자 최후의 설법

팔정도八正道는 37보리분법의 마지막인 일곱 번째에 해당한다. 문자적으로 팔정도는 여덟 가지 바른 도라는 뜻으로, 경전에서는 항상 '여덟 가지 구성요소를 가진 성스러운 도ariya aṭṭhaṅgika magga 八支聖道'로 나타난다.

그런데 왜 이것이 우리에게는 팔정도八正道로 정착되었을까? 이것은 한역 4아함에서 그 이유를 찾을 수 있을 것이다. 한역 『중아함』과 『잡아함』과 『증일아함』에 포함된 여러 경에서는 거의 대부분 팔정도로 옮겨져서 정착이 되었고 그 외 여러 대승경전들과 논서들에서도 팔정도로 정착이 되었다. 그래서 우리에게도 팔정도로 완전히 정착이 된 것이다. 내용으로 볼 때 바른 견해正見부터 바른 삼매正定까지 모두 정正을 강조하고 있기 때문에 '올바름'을 부각하여 팔정도라고 번역한 것으로 보인다. 팔정도는 『상윳따 니까야』 「도 상윳따」의 주제이기도 하다.

팔정도는 부처님 최초의 설법이자 부처님 최후의 설법이다. 부처님의 최초의 설법을 담고 있는 「초전법륜경」에서는 다음과 같이 강조한다.

"비구들이여, 출가자가 가까이 하지 않아야 할 두 가지 극단
이 있다. 무엇이 둘인가?

그것은 저열하고 촌스럽고 범속하고 성스럽지 못하고 이익
을 주지 못하는 감각적 욕망들에 대한 쾌락의 탐닉에 몰두하는
것과, 괴롭고 성스럽지 못하고 이익을 주지 못하는 자기 학대에
몰두하는 것이다. 비구들이여, 이러한 두 가지 극단을 의지하
지 않고 여래는 중도中道를 완전하게 깨달았나니 〔이 중도는〕 안
목을 만들고 지혜를 만들며, 고요함과 최상의 지혜와 바른 깨
달음과 열반으로 인도한다.

비구들이여, 그러면 어떤 것이 여래가 완전하게 깨달았으며,
안목을 만들고 지혜를 만들며, 고요함과 최상의 지혜와 바른
깨달음과 열반으로 인도하는 중도인가? 그것은 바로 여덟 가지
구성요소를 가진 성스러운 도八支聖道이니, 즉 바른 견해, 바른
사유, 바른 말, 바른 행위, 바른 생계, 바른 정진, 바른 마음챙
김, 바른 삼매이다."

「초전법륜경」(S56:11)

부처님의 마지막 발자취를 담고 있는 「대반열반경」(D16)에 의하면 부
처님께서 마지막 유훈으로 다섯 가지를 당부하시기 이전에 설법의 형태
로 말씀하신 최후의 가르침은 수밧다Subbadha라는 유행승에게 하신 설

법이다. 수밧다는 부처님께 육사외도가 최상의 지혜를 가진 자들인가를
여쭈었고 부처님께서는 다음과 같이 말씀하셨다.

> "수밧다여, 어떤 법과 율에서든 여덟 가지 성스러운 도八支聖道
> 가 없으면 거기에는 사문도 없다. 거기에는 두 번째 사문도 없다.
> 거기에는 세 번째 사문도 없다. 거기에는 네 번째 사문도 없다.
> 수밧다여, 그러나 어떤 법과 율에서든 여덟 가지 성스러운 도八
> 支聖道가 있으면 거기에는 사문도 있다. … 거기에는 네 번째 사문
> 도 있다."

「대반열반경」(D16)

주석서는 여기서 "첫 번째 사문은 예류자를, 두 번째 사문은 일래자
를, 세 번째 사문은 불환자를, 네 번째 사문은 아라한을 말한다"(MA.
ii.4~5)라고 설명하고 있다. 부처님께서 임종 직전에 마지막으로 제자가
된 수밧다에게 "팔정도가 있기 때문에 불교 교단에는 진정한 사문이 있
다"고 하신 이 「대반열반경」의 말씀은 불교 만대에 길이 남을 대사자후
이다. 이처럼 부처님께서는 최초의 설법도 중도인 팔정도로 시작하셨고
최후의 설법도 팔정도로 마무리하셨다.

「마하고윈다 경」에 보면 부처님께서 전생에 마하고윈다였을 때는 팔정
도를 알지 못하였기 때문에 열반을 실현하지 못하고 단지 범천의 세상
에 태어나는 것만이 가능했다고 말씀하신다. 그러나 금생에는 팔정도
수행으로 열반을 실현했기 때문에 팔정도를 설해 천상으로 윤회하는 것

조차 완전히 극복한 열반의 길을 드러내 보인다고 강조하고 계신다.

"빤짜시카여, 그러나 지금 나의 이러한 청정범행은 전적으로 (속된 것들을) 역겨워 함으로 인도하고, 욕망이 빛바램으로 인도하고, 소멸로 인도하고, 고요함으로 인도하고, 최상의 지혜로 인도하고, 바른 깨달음으로 인도하고, 열반으로 인도한다. 그것은 바로 이 여덟 가지 성스러운 도八支聖道이니 그것은 바른 견해正見, 바른 사유正思惟, 바른 말正語, 바른 행위正業, 바른 생계正命, 바른 정진正精進, 바른 마음챙김正念, 바른 삼매正定이니라."

「마하고윈다 경」(D19)

그 외에 「마할리 경」(D6), 「깟사빠 사자후 경」(D8), 「빠야시 경」(D23) 등에서도 팔정도를 불교에만 있는 가장 현저한 가르침으로 언급하고 있다.

" 팔정도는 열반의 길을 드러내 보이는 가르침이다.
부처님께서는 최초의 설법도 중도인 팔정도로 시작하셨고
최후의 설법도 팔정도로 마무리하셨다."

팔정도②: 여덟 가지 구성요소

팔정도의 구성요소들 각각을 경전과 주석서의 설명에 입각하여 살펴 보자.

첫째, 바른 견해sammā-diṭṭhi 正見는 「분석경」(S45:8) 등에서 "괴로움 에 대한 지혜, 괴로움의 일어남에 대한 지혜, 괴로움의 소멸에 대한 지 혜, 괴로움의 소멸로 인도하는 도닦음에 대한 지혜"로 정의되고 있다. 한 마디로 바른 견해는 사성제에 대한 지혜를 말한다.

「깟짜야나 곳따 경」(S12:15)은 연기의 가르침이 바로 바른 견해라고 강 조하고 있다. "깟짜야나여, '모든 것이 있다'는 이것이 하나의 극단이고 '모든 것이 없다'는 이것이 두 번째 극단이다. 깟짜야나여, 이러한 양 극 단을 의지하지 않고 중간中에 의지해 여래는 법을 설한다"라고 명쾌하게 말씀하신 뒤 12연기의 유전문과 환멸문의 정형구로 중中을 표방하신다.

이처럼 바른 견해는 사성제에 대한 지혜와 연기의 가르침으로 정리된 다. 그런데 사성제 가운데 고성제와 집성제는 괴로움의 발생구조인 연기의 유전문과 연결되고, 멸성제와 도성제는 괴로움의 소멸구조인 연기의 환멸문과 연결된다. 그러므로 사성제와 연기의 가르침은 같은 내용을 담고 있으며 이것을 바르게 보는 것이 팔정도의 정견이다.

「바른 견해 경」(M9)에서 사리뿟따 존자는 유익함善과 해로움不善을 꿰뚫어 앎, 네 가지 음식[자양분]과 고·집·멸·도를 꿰뚫어 앎, 네 가지 성스러운 진리를 꿰뚫어 앎, 12연기를 꿰뚫어 앎의 네 가지를 바른 견해라고 설파하고 있다.

둘째, 바른 사유samma-saṅkappa 正思惟는 "출리出離에 대한 사유, 악의 없음에 대한 사유, 해코지 않음不害에 대한 사유"(S45:8)로 정의된다. 바른 사유를 적극적으로 표현하면 초기경들에서 부처님께서 강조하신 자애慈·연민悲·더불어 기뻐함喜·평온捨의 네 가지 거룩한 마음가짐 cattāro brahmavihārā 四無量心을 가지는 것이라고 할 수 있다.

셋째, 바른 말samma-vācā 正語은 "거짓말을 삼가고, 중상모략을 삼가고, 욕설을 삼가고, 잡담을 삼가는 것"(S45:8)으로 정의하고 있다.

넷째, 바른 행위samma-kammanta 正業는 "살생을 삼가고, 도둑질을 삼가고, 삿된 음행을 삼가는 것"(S45:8)이다. '삿된 음행을 삼가는 것'은 재가자들의 계목이고(D31), 모든 성행위를 금하는 것은 비구와 비구니 계목에 속한다(D2).

다섯째, 바른 생계samma-ājīva 正命는 "삿된 생계를 제거하고 바른 생계로 생명을 영위"(S45:8)하는 것이다. 출가자는 무소유와 걸식으로 삶을 영위해야 하며 특히 사주, 관상, 점 등으로 생계를 유지해서는 안 된다(D2). 재가자는 정당한 직업을 통해서 생계를 유지해야 한다. 「장사

경」(A5:177)은 재가자들이 해서는 안 되는 것으로 무기 장사, 사람 장사, 동물 장사, 술장사, 독약 장사의 다섯 가지를 들고 있다.

여섯째, 바른 정진sammā-vāyāma 正精進은 아직 일어나지 않은 사악하고 해로운 법들을 일어나지 못하게 하기 위해서, 이미 일어난 사악하고 해로운 법들을 제거하기 위해서, 아직 일어나지 않은 유익한 법들을 일어나도록 하기 위해서, 이미 일어난 유익한 법들을 사라지지 않게 하고 증장시키기 위해서 열의를 생기게 하고 정진하고 힘을 내고 마음을 다잡고 애를 쓰는 것이다(S45:8). 그러므로 바른 정진은 해탈·열반과 향상에 도움이 되는 선법과 그렇지 못한 불선법을 정확히 판단하는 것이 전제되고 있다.

일곱째, 바른 마음챙김sammā-sati 正念은 몸에서 몸을 관찰하고, 느낌에서 느낌을 관찰하고, 마음에서 마음을 관찰하고, 법에서 법을 관찰하면서 세상에 대한 욕심과 싫어하는 마음을 버리고 근면하게, 분명히 알아차리고 마음챙기며 머무는 것이다(S45:8). 바른 마음챙김이야말로 팔정도가 제시하는 구체적인 수행기법이다. 부처님께서는 '나'라는 존재를 먼저 몸·느낌·마음·법들로 해체해서 이 중의 하나에 집중한 뒤, 그것을 무상하고 괴로움이고 무아라고 통찰할 것을 설하고 계신다.

여덟째, 바른 삼매sammā-samādhi 正定는 초선과 제2선과 제3선과 제4선에 들어 머무는 것이다(S45:8). 바른 삼매는 감각적 욕망, 악의, 해태·혼침, 들뜸·후회, 의심이라는 다섯 가지 장애五蓋가 극복되어 마음의 행복과 고요와 평화가 가득한 경지를 순차적으로 정리한 네 가지 선禪을 말한다.

" 팔정도는 여덟 가지 구성요소를 가진 성스러운 도로,

바른 견해, 바른 사유,

바른 말, 바른 행위, 바른 생계,

바른 정진, 바른 마음챙김, 바른 삼매를 말한다." "

팔정도③: 팔정도가 중도이다

부처님 최초의 설법인 「초전법륜경」(S56:11)에서 보듯이 중도는 팔정도이다. 37보리분법 전체를 중도의 내용으로 나타내고 있는 「나체수행자경 1, 2」(A3:151~152)를 제외한 모든 초기불전에서 중도는 반드시 팔정도로 설명되고 있으며, 반야중관 학파의 기본 가르침인 『중론』에서 말하는 팔불중도八不中道나 공가중空假中의 중中을 중도라고 하지는 않는다.

대승불교에서 중도의 개념이 혼란스럽게 된 출발점은 『중론』이라고 할 수 있다. 『중론』은 공가중 삼관三觀의 중中을 중도라고 주장하는데, 여기서 중은 단순히 중간을 뜻하는 것이 아니고 유무有無의 양극단을 여읜 것을 뜻한다. 연기이기에 공空이고, 이것이 중도라고 설명하고 있으며, 또한 일이거래유무단상一異去來有無斷常을 여읜 것을 중도라는 술어를 사용해서 설명하고 있다.

그러나 용수 스님의 논의의 토대가 되는 「깟짜야나 곳따 경 kaccaaya-nagotta sutta」에 보면 '있다atthi 有, 없다natthi 無'는 단정적 견해로 이 세상을 파악하지 말고 '일어나고samudaya 起 사라짐nirodha 滅'이라는 연기緣起적 사유로 세상을 꿰뚫어 보라고 설하고 있다(S.12.15). 이 경에 보면 여래는 '있다, 없다'는 양극단을 따르지 않고 중majjha 中에 의해서 법을 설한다고 나와 있다. 여기서 중요한 것은 이 경에서 유무를 여읜 것을 '중'의 견해라고 하지 '중도'라고는 절대 하지 않는다.

특히 『중론』의 삼제게三諸偈는 연기적 현상을 공가중空假中으로 통찰하는 것을 중도라고 설파하고 있기 때문에 『중론』에서 말하는 중도는 연기에 대한 통찰지라고 봐야 한다. 그리고 이것은 팔정도의 첫 번째인 정견을 말하는 것이지 실천도로서의 팔정도를 말하는 것은 아니다.

이에 비해 초기불전에서 뜻하는 중도는 철학이나 견해가 아니라 실천이다. 중中의 의미를 철학적 사유에 바탕하여 설명하면 실천체계로서의 중도를 관념적으로 만들어 버릴 위험이 크다. '중'은 연기요, '중도'는 다름 아닌 팔정도라는 사실을 잊으면 안 된다. 중majjha, majjhima에 도닦음paṭipadā, paṭipatti이 붙으면 중도majjhima-paṭipatti 中道가 되며, 중도는 연기적 사유나 관찰이나 통찰을 도닦음으로 실천하는 것이다.

다시 말해 중도는 연기의 통찰에 바탕한 바른 도닦음, 즉 바른 견해, 바른 사유, 바른 말, 바른 행위, 바른 생계, 바른 정진, 바른 마음챙김, 바른 삼매라는 여덟 가지 바른 도를 실천하는 것이다. 그런 실천은 초기불전 곳곳에서 강조하고 있듯이 바로 지금 여기diṭṭhe va dhamme 現今에 충실함이다. 중도는 연기를 지금 여기에서 여실지견yathā-bhūta-ñāṇa-dassana 如實知見하여 매 찰나 올바름을 행하는 실천수행이라고 할 수 있다.

초기불교가 한국에 급속히 뿌리내리면서 중도는 팔정도라고 인정하는 분들이 점차 많아지는 것 같아 다행스럽다. 초기불교는 불교의 뿌리이다. 이제는 중도를 유무중도나 고락중도나 팔불중도 등의 견해나 철학으로만 보지 말고 부처님께서 고구정녕히 말씀하신 팔정도라는 실천체계로 이해해야 한다고 강조하고 싶다.

> **"**초기경전이 제시하는 중도는 팔정도이다.
> '중'은 연기요, 이는 팔정도의 바른 견해에 해당된다.
> '중도'는 이러한 연기의 통찰에 바탕을 두고
> 여덟 가지 바른 도를 실천하는 것이다.**"**

팔정도④: 팔정도 가르침의 핵심

팔정도의 중요한 점을 다시 한번 정리하면 다음과 같다.

첫째, 거듭 강조하거니와 팔정도가 중도이다. 대승불교에 익숙한 우리는 중도라고 하면 일이거래유무단상—異去來有無斷常을 여읜 것으로 정의되는 팔불중도八不中道나 공가중空假中으로 정리되는 『중론』의 삼제게三諦偈를 먼저 떠올리지만 초기경에서의 중도는 명명백백하게 팔정도이다.

둘째, 팔정도, 즉 중도는 철학이 아니라 실천체계이다. 우리는 중中의 의미를 철학적 사유에 바탕하여 여러 가지로 설명하기를 좋아한다. 그러한 설명은 오히려 실천체계로서의 중도를 관념적으로 만들어 버릴 위험이 크다. 중도는 부처님께서 팔정도의 정형구로써 정의하신 내용 그 자체를 실천하는 것을 말한다. 이것은 중도의 도에 해당하는 빠알리어 빠띠빠다paṭipadā가 실제로 길 위를paṭi 밟으면서 걸어가는 것pada을 의미하는 데서도 알 수 있다.

셋째, 팔정도 수행은 총체적인 것이다. 우리는 수행을 총체적으로 이해하고 실천하려 하지 않고 테크닉으로만 이해하려고 한다. 그래서 간화선만이, 염불만이, 기도만이, 위빳사나만이 진짜 수행이라고 주장하면서 극단으로 치우치게 된다. 그러나 부처님께서는 어떤 특정한 기법이나 특정한 한 가지만을 도라고 하지 않고 여덟 가지, 즉 팔정도로 말씀하셨다. 이러한 여덟 가지가 총체적으로 조화롭게 계발되어 나갈 때 그것이 바른 도, 즉 중도이다.

넷째, 팔정도는 바로 지금 여기에 있다. 수행은 특정한 장소나 특정한 시간에만 존재하는 것이 아니다. 참선하고 염불하고 기도하고 절하는 시간에만 존재하는 것도 아니요, 사찰이나 선방이나 명상센터라는 특정 장소에만 있는 것도 아니다. 그래서 임제臨濟 스님도 '바로 지금 여기일 뿐 다른 호시절은 없다直是現今 更無時節'라고 하였다. 팔정도 수행은 매 순간 머무는 곳, 바로 지금 여기에서 실천되어야 하는 것이다.

다섯째, 팔정도 수행은 한 방에 해치우는 것이 아니다. 팔정도에 관한 한 초기불전에서 거듭 강조하시는 부처님의 간곡한 말씀은 '닦고 많이 〔공부〕 짓는 것'이다. 이것은 「도 상윳따」(S45)의 도처에서 강조되고 있다. 중도는 팔정도를 거듭해서 닦는 것이다. 범부는 깨달음을 실현하기 위해서 중도인 팔정도를 실천하고, 깨달은 분들은 팔정도로써 깨달음을 이 땅 위에 구현한다.

주석서에서는 전자에 해당하는 경우를 '예비단계의 도'라고 설명하고, 전자와 후자에 다 적용되는 것을 '혼합된 도'라고 부른다(DA.ii.301). 예비단계의 도란 출세간도를 얻기 위해서 닦는 그 이전 단계의 도를 뜻하고, 혼합된 도란 예비단계의 도와 완성된 출세간도가 섞여 있는 것을 말한다.

부처님의 가르침은 부처님 직계 제자 때부터 부처님의 명령이라고 불렸다. 실천으로서의 부처님 명령은 극단을 여읜 중도요, 그것은 팔정도이다. '팔정도를 닦아서 지금 여기에서 해탈·열반을 실현하라'라고 하신 부처님의 지엄하신 명령을 명심해야 할 것이다.

> " 부처님께서는 어떤 특정한 기법이나
> 특정한 한 가지만을 도라고 하지 않고
> 여덟 가지, 즉 팔정도로 말씀하셨다.
> 이러한 여덟 가지가 총체적으로 조화롭게 계발되어 나갈 때
> 그것이 바른 도, 즉 중도이다. "

제7장 사마타와 위빳사나

사마타와 위빳사나 ①: 사마타와 위빳사나는 부처님 직설

사마타samatha 止와 위빳사나vipassanā 觀는 불교 수행을 대표하는 술어이며 특히 상좌부 불교의 수행 체계를 극명하게 드러내는 핵심 술어이기도 하다. 이 두 술어는 일찍이 중국에서 각각 지止와 관觀으로 정착되었다.

육조 혜능慧能 스님의 전법 제자요, 『증도가』의 저자로 유명한 영가현각永嘉玄覺 스님의 주요 저술에 『선종영가집禪宗永嘉集』이 있다. 전체 10개의 장으로 구성된 이 책 중 수행의 핵심이 되는 제4장의 제목이 사마타samatha 奢摩陀이고, 제5장의 제목은 비발사나vipassanā 毘鉢舍那이며, 제6장은 우필차upekkhā 優畢叉이다. 이처럼 사마타와 위빳사나는 이미 중국에서 심도 깊게 이해되어 지와 관을 고르게 닦을 것을 강조하여 지관겸수止觀兼修로 정착되었고, 다시 선종에서 정혜쌍수定慧雙修로 계승되었다.

그렇다면 우리의 관심은 '초기불전에서 부처님께서 직접 사마타와 위빳사나를 설하신 것이 있는가? 부처님께서는 사마타와 위빳사나를 어떻게 정의하셨는가?'로 기울게 된다.

결론적으로 말해 적지 않은 초기불전에서 부처님께서는 사마타와 위빳사나를 분명하게 정의하고 계신다. 먼저 「영지靈知의 일부 경」(A2:3:10)에서 부처님께서는 분명히 사마타를 삼매samadhi 定와 연결 짓고, 위빳사나를 통찰지paññā 慧와 연결 지으신다. 그리고 삼매는 욕망을 극복하는 수행이고 통찰지는 무명을 극복하는 수행이라고 밝히고 계신다.

「삼매경」(A4:92~94)의 세 개 경들은 사마타와 위빳사나에 대한 답변을 명확하게 제공하고 있다. 이 세 개의 경들에 나타나는 '마음의 사마타'와 '위빳사나의 높은 통찰지'라는 표현에서 보듯이 사마타는 삼매를 계발하는 수행이나 삼매가 계발된 고요한 경지이고, 위빳사나는 통찰지를 계발하는 수행이나 통찰지이다.

또한 「삼매경 3」에서는 사마타를 얻기 위해서는 사마타를 체득한 분을 찾아가서 "도반이여, 어떻게 마음을 하나에 고정시켜야 합니까? 어떻게 마음을 안정시켜야 합니까? 어떻게 마음을 하나가 되게 해야 합니까? 어떻게 마음이 삼매에 들게 해야 합니까?"(A4:94)라고 물어야 한다고 설명하고 있다.

그리고 위빳사나를 얻기 위해서는 위빳사나에 통달한 분을 찾아가서 "형성된 것들을 어떻게 보아야 합니까? 형성된 것들을 어떻게 명상해야 합니까? 형성된 것들을 어떻게 깊이 관찰해야 합니까?"라고 물어야 한다고 말씀하신다.

이처럼 부처님께서는 사마타는 마음을 [하나의 대상에] 고정시키고 고요하게 하는 삼매를 계발하는 수행이며, 위빳사나는 유위제법saṅkhāra 有爲諸法을 명상하고 관찰하여 무상·고·무아를 통찰하는 수행이라고 분명하게 밝히고 계신다.

주석서 문헌은 사마타와 위빳사나를 세간적인 사마타lokiya-samatha 와 출세간의 사마타lokuttara-samatha, 세간적인 위빳사나lokiya-vipassanā 와 출세간의 위빳사나lokuttara-vipassanā로 구분하여 언급하고 있다(SA. iii.121; Pm.15; MAṬ.i.238 등), 그리고 삼매와 통찰지도 세간적인 삼매와 출세 간의 삼매나 세간적인 통찰지와 출세간의 통찰지로 구분하여 언급하고 있 다(DA.ii.425; UdA.69 등), 출세간lokuttara은 열반을 대상으로 한 경지이고 (Vis.XIV.15 등) 세간적인 것lokiya은 열반을 대상으로 하지 않는 것이다.

여기서 밝히고 싶은 점은 본서 전체에서 언급하고 설명하는 사마타와 위빳사나는 아직 도와 과를 체득하지 못하였지만 열반을 실현하고 도와 과를 체득하기 위해서 수행하는 세간적인 사마타와 세간적인 위빳사나 에 관한 것이다. 출세간의 사마타와 위빳사나는 여기에 포함시키지 않는 다. 열반을 실현하고 도와 과를 체득하기 위한 세간적인 사마타와 위빳사 나가 우리에게 의미가 있고 설득력이 있는 불교수행이 되기 때문이고, 출 세간의 경지까지 포함해서 설명하다 보면 자칫 사마타와 위빳사나가 희 론이 될 수도 있기 때문이기도 하다.

> ❝ 초기불전에서 부처님께서는
> 사마타와 위빳사나를 분명하게 정의하고 계신다.
> 사마타는 마음을 고요하게 하는 삼매를 계발하는 수행이며
> 위빳사나는 일체법을 관찰하여
> 무상·고·무아를 통찰하는 수행이다.❞

사마타와 위빳사나 ②: 사마타와 위빳사나의 비교

사마타와 위빳사나를 몇 가지 측면에서 비교해서 살펴보면 다음과 같다.

첫째, 사마타든 위빳사나든 중요한 것은 대상을 명확하게 설정하는 것이다. 세간적인 경지에서 보면 사마타의 대상은 표상nimitta이라는 '개념paññatti'이고 위빳사나의 대상은 '법dhamma'이다. 이것이 사마타와 위빳사나를 구분 짓는 가장 중요한 잣대이다.

둘째, 사마타는 표상이라는 대상에 집중하여 삼매를 계발하는 수행이고, 위빳사나는 법이라는 대상을 무상·고·무아로 통찰하는 통찰지를 계발하는 수행이다. 사마타는 마음이 표상에 집중되어 마음의 떨림이나 동요가 그치고 가라앉아 고요한 상태를 말한다. 그래서 중국에서는 지止로 옮겼다. 위빳사나는 '분리해서vi 보는 것passana'이라는 문자적인 뜻 그대로, 대상을 나타난 모양대로 보는 것이 아니라 법의 무상하고 고이고 무아인 특성을 여실지견하는 것을 말한다. 그래서 중국에서는 관觀으로 옮겼다.

194

셋째, 사마타의 키워드는 표상이고, 위빳사나의 키워드는 무상·고·무아이다. 『청정도론』은 삼매의 대상을 40가지 명상주제로 정리하고 있다. 사마타 수행을 본삼매를 닦는 수행이라고 좁혀서 정의한다면(MA. ii.346) 사마타는 이들에 속하는 22가지 명상주제 가운데 하나의 대상에 마음을 집중하여 그 대상에서 익힌 표상uggaha-nimitta을 만들고, 이것이 마침내 닮은 표상으로 승화되어 흩어지지 않고 오롯하게 되어, 매 순간의 마음들이 이 닮은 표상에 고도로 집중된 상태라고 할 수 있다. 위빳사나는 마음, 마음부수, 물질로 구분되는 71가지 구경법들 가운데 하나를 통찰하는 수행이다. 이처럼 법을 통찰해 들어가면 제법의 무상이나 고나 무아를 철견하게 된다.

넷째, 삼매의 입장에서 보면 사마타로 성취되는 삼매는 근접삼매upacāra-samādhi나 본삼매appanā-samādhi이고, 위빳사나 수행을 할 때의 고도의 집중은 찰나삼매khaṇika-samādhi이다.

다섯째, 사마타의 고요함만으로는 해탈·열반을 실현할 수가 없다. 왜냐하면 사마타는 마음과 대상이 온전히 하나가 된 상태로, 밝고 맑은 고요함에 억눌려 탐진치가 드러나지 않고 잠복되어 있을 뿐 사마타에서 나오면 다시 탐진치의 영향을 받기 때문이다. 이러한 상태를 경에서는 일시적인 해탈samaya-vimutta이라고 한다(A5:149). 그러므로 무상·고·무아를 통찰하는 위빳사나의 힘으로 탐진치의 뿌리를 완전히 멸절시켜야 그러한 번뇌들이 다시는 일어나지 않게 되며 그래야 해탈·열반을 실현하게 된다.

이처럼 위빳사나의 지혜가 없이는 해탈이 불가능하다. 그러나 사마타의 도움이 없이는 위빳사나의 지혜가 생기는 것이 결코 쉽지 않다. 그래서 초기경에서 사마타와 위빳사나라는 술어는 거의 대부분 함께 나타나며 부처님께서는 이 둘을 부지런히 닦을 것을 강조하셨다.

여섯째, 사마타를 먼저 닦아야 하는가, 위빳사나를 먼저 닦아야 하는가, 아니면 둘 다를 동시에 닦아야 하는가의 문제는 결국 인연 닿는 스승의 지도방법이나 수행자 자신의 관심과 성향에 따라서 다를 수밖에 없다. 부처님께서는 「쌍 경」에서 초선부터 상수멸까지의 모든 경지는 해탈·열반을 실현하고 깨달음을 실현하고 번뇌 다한 아라한이 되는 튼튼한 토대가 된다고 말씀하신다(A4:170). 물론 마른 위빳사나를 닦는 자sukkha-vipassaka, 즉 순수 위빳사나를 닦는 자suddha-vipassaka는 선禪의 습기濕氣 없이 마른 위빳사나만 닦아서 아라한이 될 수 있다(DA.i.4).

결론적으로 말하면 사마타를 먼저 닦을 수도 있고, 위빳사나를 먼저 닦을 수도 있고, 사마타와 위빳사나를 함께 닦을 수도 있다. 사마타를 먼저 닦아야 한다거나 위빳사나만을 닦아야 한다고 하는 것은 독단적인 견해일 뿐이고, 이런 견해를 고집하면 진정한 수행자라고 할 수 없다. 중요한 것은 어떤 경우에도 불교 수행은 무상·고·무아를 통찰하는 위빳사나로 귀결이 된다는 사실이다. 여기서 위빳사나는 무상·고·무아를 통찰하는 것 그 자체이지 결코 특정한 수행 기법만을 말하는 것은 아니다.

" 사마타는 표상이라는 대상에 집중하여 삼매를 계발하는 수행이고, 위빳사나는 법이라는 대상을 무상·고·무아로 통찰하여 통찰지를 계발하는 수행이다. "

사마타와 위빳사나③ : 본삼매와 찰나삼매

부처님께서는 여러 경들에서 삼매를 '마음이 한끝에 집중됨cittassa ekaggataa 心一境性'으로 설명하고 있다. 주석서들은 이 한끝을 하나의 대상으로 설명하고 있고(PsA.230), 삼매에 드는 마음의 대상을 닮은 표상이라고 설명하고 있다.

사마타는 마음이 표상이라는 대상에 집중된 상태이다. 『청정도론』을 위시한 모든 주석서 문헌에 의하면 이러한 집중은 근접삼매upacāra-samādhi와 본삼매appanā-samādhi라는 과정을 거쳐서 이루어진다(Vis. IV.31~33). 『아비담마 길라잡이』는 삼매 수행을 더 자세히 준비단계의 수행, 근접삼매의 수행, 본삼매의 수행으로 설명하고 있다.

먼저 준비단계의 수행은 근접삼매가 일어나기 이전 초보단계의 수행을 말한다. 구체적으로는 다섯 가지 장애들이 억압되고 닮은 표상이 일어나기 직전까지의 단계이다. 근접삼매는 다섯 가지 장애들이 억압되고 닮은 표상이 출현할 때부터 선禪의 경지로 들어가는 인식과정에서 종성

gotrabhū 種姓의 마음이 일어나는 순간까지를 뜻한다. 본삼매는 이 종성의 마음 바로 다음에 일어나는 마음으로, 초선부터 제4선까지의 경지를 말한다.

이와는 달리 위빳사나는 표상 등에 집중하는 수행이 아니라 찰나생찰나멸하는 법을 통찰하는 수행이기 때문에 닮은 표상이 일어나지 않는다. 닮은 표상이 일어나지 않으므로 위빳사나 수행에는 본삼매가 없다. 물론 고도의 집중이 없이 대상을 무상·고·무아로 통찰한다는 것은 불가능하다. 그러나 위빳사나 수행을 할 때의 고도의 집중을 본삼매라고는 부를 수는 없기 때문에『청정도론』등의 주석서 문헌들은 위빳사나 수행을 할 때 일어나는 고도의 집중을 찰나삼매khaṇika-samādhi라고 한다.

『청정도론』은 사마타 수행을 먼저 하지 않고 바로 위빳사나 수행을 하는 수행자를 '마른 위빳사나를 하는 자' 혹은 '순수 위빳사나를 닦는 자'라고 부른다. 찰나삼매는 바로 이 순수 위빳사나를 닦을 때 나타나는 고도로 집중된 상태로, 사마타 수행을 통해서 나타나는 근접삼매에 필적하는 삼매라고도 하고 사마타 수행의 초선에 대비되는 삼매라고도 한다. 이처럼 위빳사나의 경우에도 삼매의 토대는 있기 마련이다.

❝ 삼매는 마음이 한끝에 집중됨이다.
사마타로 성취되는 삼매를 근접삼매나 본삼매라고 하고
위빳사나 수행을 할 때의 고도 집중은 찰나삼매라고 한다.❞

제8장 계정혜 삼학

계정혜 삼학①: 세 가지 공부 지음

불교 2,600년사에 있어 온 모든 불교의 수행은 계정혜 삼학으로 종합된다. 부처님께서는 초기불전의 도처에서 삼학을 강조하셨다. 삼학tisso sikkhā 三學은 '세 가지 공부 지음'으로 옮길 수 있으며 계sīla 戒와 삼매samādhi 定와 통찰지paññā 慧를 공부 짓는 것을 뜻한다. 중국에서 계정혜 삼학으로 정착되어 우리에게도 널리 알려진 덕목으로 계학은 도덕적인 삶을 뜻하고, 정학은 삼매 수행을 말하고, 혜학은 통찰지의 계발을 의미한다.

계정혜 삼학은 초기불전의 여러 곳에서 수행자가 공부 지어야 하는 조목으로 강조되어 나타나고 있다. 「합송경」(D33)에서는 세 가지 공부 지음을 높은 계를 공부 지음增上戒學, 높은 마음을 공부 지음增上心學, 높은 통찰지를 공부 지음增上慧學이라고 언급하고 있다.

「사문경」(A3:81)에서도 "비구들이여, 사문에게는 세 가지 해야 할 일이 있다. 무엇이 셋인가? 높은 계를 공부 짓고 높은 마음을 공부 짓고 높

은 통찰지를 공부 짓는 것이다. 비구들이여, 이것이 사문이 해야 할 세
가지 일이다"라고 강조하고 있다.

『디가 니까야 주석서』는 이 삼학 가운데 계학은 율장에서, 정학은 경
장에서, 혜학은 논장에서 주로 설해진 가르침이라고 설명하고 있다(DA.
i.19). 그리고 "계라는 것은 오계와 십계인데 계목의 단속을 높은 계라고
한다. 여덟 가지 증득이 마음인데 위빳사나의 기초가 되는 선禪을 높은
마음이라고 한다. 업이 자신의 주인임에 대한 지혜가 통찰지인데 위빳사
나의 통찰지를 높은 통찰지라고 한다"(DA.iii.1003)라고 설명하기도 한다.

『맛지마 니까야 주석서』(MA.ii.147)는 "계는 네 가지 청정한 계다. 삼
매는 위빳사나의 기초인 여덟 가지 증득이다. 통찰지는 세간적이거나 출
세간적인 지혜다"라고 설명한다.

한편 전통적으로 팔정도를 삼학으로 나누어서 설명하기도 한다. 『상
윳따 니까야 주석서』는 다음과 같이 설명한다.

여기서 도magga 道란 여덟 가지로 된 성스러운 도八正道이니 깨
달음을 위해서 닦는 것이다. 여기서 계sīla 戒에는 바른 말正語, 바
른 행위正業, 바른 생계正命가 포함되고, 삼매samādhi 定에는 바른
정진正精進, 바른 마음챙김正念, 바른 삼매正定가 포함되며, 통찰지
paññā 慧에는 바른 견해正見와 바른 사유正思惟가 포함된다.

『상윳따 니까야 주석서』(SA.i.170)

"계학은 도덕적인 삶을 뜻하고
정학은 삼매 수행을 말하고
혜학은 통찰지의 계발을 의미한다."

계정혜 삼학②: 계학과 정학과 혜학

계학과 정학과 혜학의 내용에 대해서 자세히 살펴보자. 먼저 계학戒學이란 무엇인가. 계는 계목戒目의 단속에 관한 계, 감각기능根의 단속에 관한 계, 생계의 청정에 관한 계, 필수품에 관한 계의 네 가지를 말한다.

첫째, 계목의 단속에 관한 계는 5계와 8계, 비구계, 비구니계 등에 제정되어 있는 계목을 완전하게 준수하는 것을 말한다. 5계와 8계는 재가자들에게 해당되는 덕목이고, 비구 227계, 비구니 311계는 출가자들에게 해당되는 덕목이다. 둘째, 감각기능의 단속에 관한 계는 마음챙김을 유지하면서 감각의 대상들을 대하고, 마음이 즐거운 대상에 달려가거나 싫어하는 대상을 향해 적대감을 가지고 동요하지 않게 하는 것을 의미한다. 셋째, 생계의 청정에 관한 계는 바른 방법으로 생계를 유지하는 것을 말한다. 넷째, 필수품에 관한 계는 출가 생활에 필요한 의복, 탁발음식, 거처, 약품의 네 가지 필수품을 항상 사용하는 목적을 반조하면서 사용하는 것이다.

204

계의 핵심은 단속saṁvara이다. 초기불전의 여러 곳에서 계의 구족은
다음과 같이 정의되고 있다.

"비구들이여, 그러면 어떻게 비구는 계를 구족하는가? 여기
비구는 계를 잘 지킨다. 그는 빠띠목카의 단속으로 단속하면서
머문다. 바른 행실과 행동의 영역을 갖추고, 작은 허물에 대해
서도 두려움을 보며, 학습계목을 받아 지녀 공부 짓는다."

「빛나가지 않음 경」(A4:37)

『청정도론』제1장 계품도 단속을 중심으로 전개되고 있다. 계의 핵심
은 바로 단속이다. 비유하자면 냉장고의 핵심은 문단속이다. 냉장고의
문을 단속하지 못하면 냉장고 안에 보관되어 있는 산해진미가 썩어 버린
다. 마찬가지로 자신의 여섯 가지 감각대문을 단속하지 못하면 설혹 그
의 안에 초선부터 비상비비상처까지의 여러 가지 삼매와 삼매를 토대로
한 여러 가지 신통을 갖추고 있거나 무상·고·무아의 통찰을 통해서 성
취되는 통찰지를 구족하고 있다 하더라도 그것은 다 쓸모없는 것이 되어
버린다. 이처럼 계는 단속을 핵심으로 한다.

둘째, 정학定學이란 무엇인가. 마음이 하나의 대상에 집중됨이다. 중
국에서는 심일경성心一境性으로 정착되었다. 여러 경전에서 삼매, 즉 정학
은 "마음이 한끝에 집중됨"(M44)이라고 정의되고 있다. 여기서 '끝'은 대
상을 뜻한다(PsA.230). 초기불전에서 바른 삼매는 항상 초선부터 제4선
까지의 네 가지 선을 말한다.

초기불전의 도처에 나타나는 네 가지 선의 정형구는 다음과 같다.

> "비구들이여, 여기 비구는 감각적 욕망들을 완전히 떨쳐 버리고 해로운 법不善法들을 떨쳐 버린 뒤, 일으킨 생각尋과 지속적 고찰伺이 있고, 떨쳐 버렸음에서 생긴 희열喜과 행복樂이 있는 초선初禪에 들어 머문다.
>
> 일으킨 생각과 지속적 고찰을 가라앉혔기 때문에 [더 이상 존재하지 않으며], 자기 내면의 것이고, 확신이 있으며, 마음의 단일한 상태이고, 일으킨 생각과 지속적 고찰은 없고, 삼매에서 생긴 희열과 행복이 있는 제2선二禪에 들어 머문다.
>
> 희열이 빛바랬기 때문에 평온하게 머물고, 마음챙기고 알아차리며 몸으로 행복을 경험한다. 이 [선禪 때문에] '평온하고 마음챙기며 행복하게 머문다'고 성자들이 묘사하는 제3선三禪에 들어 머문다.
>
> 행복도 버리고 괴로움도 버리고, 아울러 그 이전에 이미 기쁨과 슬픔이 소멸되었으므로 괴롭지도 즐겁지도 않으며, 평온으로 인해 마음챙김이 청정한捨念淸淨 제4선四禪에 들어 머문다."
>
> 「분석경」(S45:8)

여기서 보듯이 초선에서 제4선까지를 구성하고 있는 키워드는 일으킨 생각vitakka 尋, 지속적 고찰vicāra 伺, 희열pīti 喜, 행복sukha 樂, 심일경성cittassa ekaggata 定의 다섯 가지 선의 구성요소와 평온upekkahā 捨의 여섯 가지이다. 이처럼 네 가지 선 가운데 초선은 심사희락정의 다섯 가지 심리현상들을 특징으로 하고 있으며, 제2선은 이 가운데 심과 사가 가라앉고 희와 낙과 정이 두드러진 상태이고, 제3선은 다시 희가 가라앉아 낙과 정만이 있는 상태이며, 제4선은 낙도 가라앉고 대신에 사가 확립되어 사와 정만이 드러나는 상태이다(Vis.III.21).

셋째, 혜학慧學이란 무엇인가. 통찰지이다. 중국에서 혜慧로 옮겨진 원어는 빤냐paññā인데 이것은 반야般若로 음역되었다. 『청정도론』에는 "꿰뚫고 통찰하는 것paṭivedha을 그 특징으로 가지는 것"(Vis.XIV.7)이라고 설명하고 있다. 초기불전에서는 사성제를 꿰뚫지 못하는 것을 무명으로 정리하고 있고, 사성제를 꿰뚫는 것을 명지vijjā 明知로 정리하고 있는데 이것은 통찰지의 내용이기도 하다.

초기불전에서 혜학은 육신통, 삼명, 팔신통, 누진통 등으로 나타난다. 육신통은 다음과 같다.

①신족통iddhividha-ñāṇa 神足通: 신통변화의 지혜

②천이통dibbasota-ñāṇa 天耳通: 신성한 귀의 지혜

③타심통cetopariya-ñāṇa 他心通: 남의 마음을 아는 지혜

④숙명통pubbenivāsa-anussati-ñāṇa 宿命通: 전생을 기억하는 지혜

⑤천안통dibbacakkhu-ñāṇa 天眼通: 신성한 눈의 지혜

⑥누진통āsavakkhaya-ñāṇa 漏盡通: 번뇌를 소멸하는 지혜

이 가운데 ④숙명통 ⑤천안통 ⑥누진통의 셋을 삼명te-vijjā 三明이라고 부른다. 육신통에 '지와 견〔위빳사나의 지혜〕'과 '마음으로 만든 몸'의 둘이 첨가되어 8신통으로도 나타난다(D2 등). 이뿐만 아니라 ⑥누진통

의 정형구만 단독으로 나타나는 경들도 있다.

육신통이나 삼명이나 팔신통 가운데 혜학의 핵심은 누진통이요, 누진통의 핵심은 사성제를 통찰하는 것이요, 이것은 팔정도의 바른 견해의 내용이다. 12연기의 무명은 사성제를 모르는 것이고 사성제를 아는 것이 혜학, 즉 통찰지의 핵심이다. 이처럼 불교의 바른 견해와 명지와 통찰지는 모두 사성제를 아는 것으로 귀결된다고 할 수 있으며 이것이 혜학의 핵심이 된다.

" 계학은 단속을 핵심으로 한다.

정학은 마음이 하나의 대상에 집중됨이다.

혜학은 사성제를 통찰하는 것이다."

계정혜 삼학③: 계정혜의 정형구

초기불전의 여러 곳에서 부처님의 일대시교—代時敎는 계정혜 삼학, 혹은 삼온으로 정리되고 있다.

부처님께서는 『디가 니까야』 제1권에 포함된 13개의 경들 가운데 12개 경전에서 모두 23개의 상세한 정형구를 통해 불교의 큰 틀을 계정혜 삼학으로 말씀하고 계신다. 특히 「수바 경」(D10)에서는 계학, 정학, 혜학의 학sikkhā 學, 즉 배움이라는 표현 대신에 계온, 정온, 혜온이라는 온kkhandha 蘊, 즉 무더기라는 표현을 사용하고 있는데 그 내용은 동일하다. 이처럼 이미 초기불전의 여러 곳에서 부처님의 가르침은 계정혜의 삼학, 혹은 삼온으로 정리되고 있다.

이제 『디가 니까야』 제1권의 24단계 계정혜의 정형구를 살펴보자.

①여래가 이 세상에 출현한다. … 그는 법을 설하여 더할 나위 없이 완벽하고 지극히 청정한 범행梵行을 드러낸다.

②이런 법을 장자나 장자의 아들이나 다른 가문에 태어난 자가 듣는

다. … 머리와 수염을 깎고 물들인 옷을 입고 집을 떠나 출가한다.

③이와 같이 출가하여 계목의 단속으로 단속하면서 머문다. …

④짧은 길이의 계-모두 26가지로 계를 지님

⑤중간 길이의 계-모두 10가지로 잘못된 행위를 멀리함

⑥긴 길이의 계-모두 7가지로 삿된 생계를 멀리함

⑦이처럼 계를 구족한 비구는 어느 곳에서도 두려움을 보지 못한다. …

⑧비구는 감각의 대문을 잘 지킨다. …

⑨비구는 마음챙김과 알아차림을 잘 갖춘다. …

⑩비구는 [얻은 필수품으로] 만족한다. …

⑪어떤 처소를 의지한다. …

⑫그는 세상에 대한 욕심을 제거하여 욕심을 버린 마음으로 … 악의가 없는 마음으로 … 해태와 혼침을 버려 … 들뜸과 후회를 제거하여 … 의심을 건너서 머문다[다섯 가지 장애의 극복].

⑬초선初禪을 구족하여 머문다. …

⑭제2선을 구족하여 머문다. …

⑮제3선을 구족하여 머문다. …

⑯제4선을 구족하여 머문다. …

⑰지知와 견見으로 마음을 향하게 하고 기울게 한다. …

⑱마음으로 만든 몸으로 마음을 향하게 하고 기울게 한다. …

⑲신통변화神足通로 마음을 향하게 하고 기울게 한다. …

⑳신성한 귀의 요소天耳通로 마음을 향하게 하고 기울게 한다. …

㉑남의 마음을 아는 지혜他心通로 마음을 향하게 하고 기울게 한다. …

㉒전생을 기억하는 지혜宿命通로 마음을 향하게 하고 기울게 한다. …

㉓중생들의 죽음과 다시 태어남을 〔아는〕 지혜天眼通로 마음을 향하게 하고 기울게 한다. …

㉔모든 번뇌를 소멸하는 지혜漏盡通로 마음을 향하게 하고 기울게 한다. … '태어남은 다했다. 청정범행은 성취되었다. 할 일을 다 해 마쳤다. 다시는 어떤 존재로도 돌아오지 않을 것이다'라고 꿰뚫어 안다.

아난다 존자는 이 가운데 ①부터 ⑦까지를 계의 무더기라고 정리하고 있고, ⑧부터 ⑯까지를 삼매의 무더기라고 정리하고 있으며, ⑰부터 ㉔까지를 통찰지의 무더기라고 정리하고 있다.

여기서 삼매의 무더기의 핵심은 마음챙김正念과 알아차림正知의 구족, 다섯 가지 장애五蓋의 극복, 그리고 초선부터 제4선까지이며, 통찰지의 무더기의 핵심은 삼명三明이 된다.

❝ 초기불전에서 부처님의 가르침은
계정혜 삼학, 혹은 삼온으로 정리되고 있다.❞

계정혜 삼학④: 다섯 가지 법의 무더기

삼학三學, 즉 세 가지 배움은 계학·정학·혜학이다. 그리고 이 삼학에 해탈vimutti 解脫과 해탈지견vimuttiñāṇa-dassana 解脫知見을 더하면 다섯 가지 법의 무더기, 즉 오법온pañca dhamma-kkhandhā 五法蘊이 된다. 오법온은 초기불전의 여러 경전에서 계의 무더기戒蘊, 삼매의 무더기定蘊, 통찰지의 무더기慧蘊, 해탈의 무더기解脫蘊, 해탈지견의 무더기解脫知見蘊로 나타나고 있으며(S3:24), 「십상경」(D34)에서 다섯 가지 법의 무더기라는 술어로 정착되고 있다.

계·정·혜·해탈·해탈지견의 오법온은 우리가 조석으로 올리는 예불문에 계향·정향·혜향·해탈향·해탈지견향의 오분법신향五分法身香으로 나타나기 때문에 우리에게는 아주 익숙한 가르침이기도 하다.

그러면 이 가운데 해탈이란 무엇인가? 결론적으로 말해 열반의 체험이 바로 해탈이다. 초기불전에서 해탈은 아라한과의 증득을 뜻하기도 하고, 열반의 실현을 뜻하기도 하고, 넓게는 네 가지 과, 즉 예류과·일래과·불환과·아라한과의 증득을 뜻하기도 한다. 이러한 성자의 경지를 체득하지 못하고서는 결코 그것을 해탈이라고 할 수 없다.

예류과·일래과·불환과·아라한과의 네 가지 과는 한 찰나라도 열반의 체험이 있어야 실현된다. 그러므로 해탈은 한 찰나라도 열반의 체험이 있어야 가능한 것이다.

해탈지견이란 무엇인가? 그것은 반조의 지혜이다. 경전에는 해탈지견이 구체적으로 무엇을 뜻하는지에 대한 내용이 나타나지 않는다. 그러므로 해탈지견이 무엇을 뜻하는가는 주석서를 통해서 살펴볼 수밖에 없다. 여러 주석서에서 해탈지견은 반조의 지혜paccavekkhaṇa-ñāṇa를 뜻한다고 나타난다. 특히 몇몇 주석서에서는 "'해탈지견'은 19가지 반조의 지혜이다"(MA.ii.147 등)라고 19가지 반조의 지혜를 언급하고 있다.

『청정도론』에 의하면 반조에는 ①도에 대한 반조 ②과에 대한 반조 ③버린 오염원들에 대한 반조 ④남아 있는 오염원들에 대한 반조 ⑤열반에 대한 반조의 다섯 가지가 있다. 아라한에게는 남아 있는 오염원들에 대한 반조가 없기 때문에 예류자부터 아라한까지의 성자들의 반조에는 모두 4×5-1=19가지가 있게 된다.

『청정도론』을 인용하면 다음과 같다.

①그는 '참으로 내가 이 도로써 왔구나'라고 도를 반조한다.
②그다음에 '이것이 내가 얻은 이익이구나'라고 과를 반조한다.
③그다음에 '참으로 이들이 내가 버린 오염원들이구나'라고 버린 오염원들을 반조한다. ④그다음에 '이들이 아직 남아 있는

오염원들이구나'라고 뒤의 세 가지 도로써 버릴 오염원들을 반
조한다. ⑤마지막으로 '이 법을 대상으로 삼아 내가 이 법을 꿰
뚫었다'라고 불사인 열반을 반조한다. 이와 같이 예류자인 성스
러운 제자는 다섯 가지 반조를 가진다. … 아라한의 경우 남아
있는 오염원들을 반조함이 없다. 이와 같이 모두 19가지 반조
가 있다.

『청정도론』(Vis.XXII.20~21)

부처님의 가르침, 즉 법은 이렇게 계·정·혜·해탈·해탈지견의 다섯 가
지로 요약되기 때문에 초기불전에서부터 이 다섯을 법의 무더기라고 불
렀던 것이다.

" 계학·정학·혜학의 삼학에
해탈과 해탈지견을 더하면
다섯 가지 법의 무더기, 즉 오법온이 된다. "

계정혜 삼학⑤: 일곱 가지 청정

계정혜 삼학이 초기불전에서 강조하고 있는 불교 수행의 키워드라면 일곱 가지 청정visuddhi 淸淨은 상좌부 불교에서 교학과 수행체계를 설명하는 중요한 가르침이다. 칠청정의 주제는 ①계청정 ②마음청정 ③견청정 ④의심을 극복함에 의한 청정 ⑤도와 도 아님에 대한 지知와 견見에 의한 청정 ⑥도닦음에 대한 지와 견에 의한 청정 ⑦지와 견에 의한 청정의 일곱 가지이다.

여기서 보듯이 칠청정은 계정혜 삼학과 일치하는데 삼학 가운데 혜학을 다시 다섯 가지 청정으로 강조하고 있는 체계이다. 4부 니까야에 대한 종합적인 해설서인 『청정도론』은 이 두 가지 방법을 모두 채택하여 부처님 원음을 설명하고 있다. 『청정도론』 제1장부터 제2장까지는 계학과 계청정을 담고 있고, 제3장부터 제13장까지는 정학과 마음청정에 해당하며, 제14장부터 제23장까지는 혜학을 설명하고 있다. 이 가운데 제18장부터 제22장까지는 각각 견청정부터 지와 견에 의한 청정까지 다섯 가지 청정에 대한 설명을 담고 있다.

칠청정은 이미 니까야에서부터 나타나고 있다. 『맛지마 니까야』 「역마차 교대 경」(M24)에서는 칠청정을 일곱 대의 역마차에 비유하고 있다. 일곱 대의 역마차를 바꿔 타면서 목적지에 도착하는 것처럼, 수행자는 일곱 가지의 청정을 차례로 의지해서 열반의 경지에 들게 된다고 설명하고 있다.

첫째, 계청정sīla-visuddhi 戒淸淨은 계목의 단속에 관한 계, 감각기능根의 단속에 관한 계, 생계의 청정에 관한 계, 필수품에 관한 계의 네 가지 청정한 계를 훼손하지 않고 잘 지니는 것이다.

둘째, 마음청정citta-visuddhi 心淸淨은 감각적 욕망, 적의, 해태·혼침, 들뜸·후회, 의심의 다섯 가지 장애를 극복하여 근접삼매와 본삼매를 증득하는 것이다.

셋째, 견청정diṭṭhi-visuddhi 見淸淨은 존재를 구성하는 다섯 가지 무더기, 즉 정신과 물질의 고유성질을 정확하게 파악하는 통찰지이다. 즉 온·처·계의 가르침으로 나와 세상을 정확하게 이해하여 잘못된 견해를 깨끗하게 하는 것이 견청정이다.

넷째, 의심을 극복함에 의한 청정kaṅkhā-vitaraṇa-visuddhi 渡疑淸淨은 정신·물질에 대한 조건을 파악하고 삼세三世에 대한 의심을 극복하여 확립된 지혜를 말한다. 이것은 나와 세상을 구성하고 있는 정신·물질이 우연히 생긴 것도 아니며, 어떤 가상적인 원인에 의해서 생긴 것도 아니고, 신이 창조한 것은 더욱더 아니며, 모든 것은 상호의존이요, 조건발생이라고 이해하는 것을 말한다.

『청정도론』은 오온, 즉 정신·물질의 원인과 조건을 정확히 파악하여 모든 의심이 없어지면 그를 작은 수다원cūḷa-sotāpanna이라고 부른다고 격찬한다(Vis.XIX.27). 앞의 견청정이 아비담마의 제법을 정확하게 파악하는 것이라면 의심을 극복함에 의한 청정은 제법의 상호관계와 상호의존을 정확하게 파악하고, 괴로움의 발생구조와 소멸구조를 설하는 연기의 가르침을 명확하게 이해하는 것이다.

다섯째, 도와 도 아님에 대한 지知와 견見에 의한 청정maggāmagga-ñāṇa-dassana-visuddhi 道非道智見淸淨은 위빳사나를 닦을 때 일어난 광명, 희열, 경안, 결의, 분발, 행복, 지혜, 확립, 평온, 욕구의 열 가지 경계를 장애라고 파악하여 도와 도 아님의 특징을 정의하는 것을 말한다. 이 청정은 광명 등의 경계는 도가 아니요, 무상·고·무아로 통찰하는 것이 도라고 정확하게 알아 확립된 지혜를 말한다.

여섯째, 도닦음에 대한 지知와 견見에 의한 청정paṭipadā-ñāṇa-dassana-visuddhi 行道智見淸淨은 생멸의 지혜에서부터 수순하는 지혜까지의 아홉 가지 지혜를 말한다.

일반적으로 위빳사나를 닦을 때 생기는 지혜는 모두 열 가지로 정리되는 데 그것은 ①명상의 지혜 ②생멸의 지혜 ③무너짐의 지혜 ④공포의 지혜 ⑤위험의 지혜 ⑥역겨움의 지혜 ⑦해탈하기를 원하는 지혜 ⑧깊이 숙고하는 지혜 ⑨상카라에 대한 평온의 지혜 ⑩수순하는 지혜이다.

이 가운데 첫 번째인 명상의 지혜와 약한 단계의 생멸의 지혜는 도와 도 아님에 대한 지와 견에 의한 청정에 속하는 것으로 설명한다. 그래서 성숙된 단계의 생멸의 지혜부터 열 번째인 수순하는 지혜까지의 아홉 가지 지혜가 도닦음에 대한 지와 견에 의한 청정에 속한다.

일곱째, 지와 견에 의한 청정 ñāṇa-dassana-visuddhi 智見淸淨은 예류도·일래도·불환도·아라한도의 네 가지 출세간의 도와 이 네 가지 도에 대한 지혜를 말하며 이는 위빳사나가 도와 과로써 완성되는 경지이다.

『청정도론』 등의 주석서 문헌은 이 칠정정의 과정을 깨달음을 실현하는 중요한 과정으로 설명하고 있다. 이것은 계정혜 삼학의 방법과 그대로 일치한다. 계청정은 계학에 대응되고, 마음청정은 정학에 대응되며, 견청정, 의심을 극복함에 의한 청정, 도와 도 아님에 대한 지와 견에 의한 청정, 도닦음에 대한 지와 견에 의한 청정, 지와 견에 의한 청정은 혜학에 대응된다. 혜학을 공부 짓는 것을 이처럼 다섯 단계로 세분해서 자세하게 설명하는 것이 칠청정이며, 이는 통찰지를 완성하는 방법으로 초기불전에서 강조하는 위빳사나 수행의 구체적인 방법론이다.

> " 수행자는 마치 일곱 대의 역마차를 바꿔 타면서
> 목적지에 도달하는 것처럼
> 이 일곱 개의 청정을 차례로 의지해서
> 열반의 경지에 들어야 한다. "

제9장 족쇄를 푼 성자들

열 가지 족쇄와 네 부류의 성자들

초기불전에서 인간은 크게 범부puthujjana와 성자ariya의 둘로 구분된다. 범부는 깨닫지 못한 사람이고 성자는 깨달은 사람이다. 성자는 다시 예류자·일래자·불환자·아라한의 넷으로 분류된다. 예류자·일래자·불환자는 아직 더 공부 지어야 할 존재이므로 유학sekha 有學이라고 하고, 아라한은 모든 번뇌가 다 소멸되었기 때문에 더 이상 공부 지을 것이 없는 존재이므로 무학asekha 無學이라고 한다.

성자를 예류자·일래자·불환자·아라한의 넷으로 분류하는 근거는 무엇인가. 부처님께서는 초기불전의 여러 곳에서 열 가지 족쇄saṁyojana 結를 말씀하셨으며, 이 열 가지 족쇄를 얼마나 많이 풀었는가를 토대로 하여 성자들을 예류자 등의 넷으로 분류하고 계신다(A7:15 등).

열 가지 족쇄는 다음과 같다.

①유신견sakkāya-diṭṭhi 有身見: 고정불변하는 자아, 혹은 실체가 있다고 집착하는 가장 근본적인 삿된 견해. 오온을 자아라고 생각하는 것,

오온을 가진 것이 자아라고 생각하는 것, 오온이 자아 안에 있다고 생각하는 것, 오온 안에 자아가 있다고 생각하는 것 등 오온에 대해 20가지로 자아가 있다고 견해를 가지는 것.

②계율과 의례의식에 대한 집착sīlabbata-parāmāsa 戒禁取: 형식적 계율과 의례의식을 지킴으로써 해탈할 수 있다고 집착하는 것.

③의심vicikicchā 疑: 불·법·승, 계율, 연기법 등을 회의하여 의심하는 것.

④감각적 욕망kāma-rāga: 감각적 쾌락에 대한 욕망, 즉 눈·귀·코·혀·몸을 통한 다섯 가닥의 감각적 욕망.

⑤적의paṭigha 敵意: 반감, 증오, 분개, 적대감 등을 뜻하며 성내는 마음과 동의어.

⑥색계에 대한 탐욕rūpa-rāga: 초선부터 제4선까지의 색계선으로 실현되는 경지에 대한 집착.

⑦무색계에 대한 탐욕arūpa-rāga: 공무변처부터 비상비비상처까지의 무색계선으로 실현되는 경지에 대한 집착.

⑧자만māna 慢: 내가 남보다 뛰어나다, 동등하다, 못하다고 생각하는 마음.

⑨들뜸uddhacca 掉擧: 들뜨고 불안한 마음.

⑩무명avijjā 無明: 사성제를 모르는 것.

이 가운데서 ①유신견 ②계율과 의례의식에 대한 집착 ③의심 ④감각적 욕망 ⑤적의의 다섯은 욕계에서 생긴 무더기 등을 결박하기 때문에 낮은 단계의 족쇄下分結라고 한다. 그리고 ⑥색계에 대한 탐욕 ⑦무색계

222

에 대한 탐욕 ⑧자만 ⑨들뜸 ⑩무명의 다섯은 색계와 무색계에서 생긴 무더기 등을 결박하기 때문에 높은 단계의 족쇄上分結라고 한다.

특히 아비담마 문헌의 여러 곳에서 열 가지 족쇄 가운데 처음의 셋을 보아서見 버려야 할 법들이라고 정리하고 있으며, 나머지 일곱 가지는 닦아서修 버려야 할 법들이라고 설명하고 있다(Dhs.183). 이러한 봄見과 닦음修은 다시 견도dassana-magga 見道와 수도bhāvanā-magga 修道라는 술어로 주석서 문헌들의 도처에 나타나고 있으며(MA.i.75), 견도에 의해서 예류자가 되고 수도의 성취 정도에 따라서 차례대로 일래자, 불환자, 아라한이 된다고 설명하고 있다(Ps.ii.82).

이러한 견도와 수도는 후대의 여러 불교에서도 중요한 주제로 다루어지는데, 특히 북방 아비달마를 대표하는 『구사론』과 『성유식론』 등의 유식 문헌에서도 논의되고 있다.

초기불전에서 예류자는 유신견, 계율과 의례의식에 대한 집착, 의심의 세 가지 족쇄가 완전히 풀린 성자이고, 일래자는 이 세 가지가 완전히 풀렸을 뿐만 아니라 감각적 욕망과 적의의 두 가지 족쇄가 아주 엷어진 성자라고 설명한다. 불환자는 다섯 가지 낮은 단계의 족쇄가 완전히 풀려나간 성자이고, 아라한은 열 가지 모든 족쇄를 다 풀어버린 성자라고 나타나고 있다(A7:15 등).

❝열 가지 족쇄를 얼마나 많이 풀어내었는가를 토대로 하여
성자를 예류자·일래자·불환자·아라한의
넷으로 분류한다.❞

불교와 윤회

불교는 무아를 근본으로 하는 가르침이다. 초기경의 여러 곳에서 제법무아諸法無我가 강조되고 있으며, 오온에 대해 자아가 있다고 생각하는 삿된 견해를 유신견이라고 해서 이를 타파하지 못하면 아무리 수승한 삼매의 경지를 체득하고 신통이 자재하다 하더라도 깨달음의 처음 단계인 예류자도 될 수 없다고 강조한다.

이렇듯 무아가 불교의 근본 가르침이지만 윤회輪廻도 초기불교의 도처에서 강조되어 나타난다. 윤회는 삼사라saṁsāra를 옮긴 것이다. 문자적으로 삼사라는 '함께 움직이는 것, 혹은 함께 흘러가는 것'이라는 뜻인데 중국에서는 주로 유전流轉, 윤회輪廻, 전륜轉輪, 유전생사流轉生死, 생사生死로 옮겼다. 이러한 문자적인 의미로 보아도 삼사라는 힌두교의 윤회관인 자아의 재육화reincarnation 再肉化보다는 오히려 연기적 흐름에 가까운 의미를 가지고 있다고 하겠다.

무아와 윤회는 일견 상호 모순되는 가르침처럼 보인다. 그러다 보니 불교를 잘못 이해하는 사람들은 무아이면서 윤회를 한다는 것은 모순이라고 하면서 부처님께서 윤회를 설하지 않으셨다고 주장하기도 한다. 하지만 부처님께서는 분명히 초기불전 도처에서 윤회를 설하셨고 윤회에서 벗어나는 방법도 설하셨다.

먼저, 힌두교에서 말하는 윤회와 불교에서 말하는 윤회는 다르다는 것을 알아야 한다. 힌두교에서는 불변하는 자아ātman가 있어서 금생에서 내생으로 재육화하는 것을 윤회라고 한다. 재육화란 자아가 금생의 심장 안에 머물다가 금생의 몸이 죽으면 다시 내생의 몸을 받는 것을 의미한다. 이것은 '자아의 윤회'라고 할 수 있다.

이와는 달리 불교에서는 금생의 흐름santati 相續이 내생으로 연결되어 다시 태어나는 것, 즉 재생rebirth 再生을 윤회라고 한다. 주석서에서는 오온, 12처, 18계가 연속하고 끊임없이 전개되는 것을 윤회라고 한다. 그러므로 불교에서의 윤회는 서로 조건 지어져서 생멸변천하는 일체 유위법의 연기적 흐름을 뜻한다고 할 수 있다. 이처럼 불교에서 말하는 윤회는 윤회의 주체가 없는 연기적 흐름, 혹은 '무아의 윤회'라고 할 수 있다.

윤회는 찰나생 찰나멸의 흐름이다. 근본적 입장에서 보면 매찰나 전개되는 오온의 생멸 자체가 윤회이다(DA.ii.496; SA.ii.97). 한편 생사의 입장에서 보면 한 생에서의 마지막 마음cūti-citta 死心이 일어났다 멸하고, 이것을 조건으로 하여 다음 생의 재생연결식paṭisandhi-viññāṇa 再生連結識이 일어나는 것을 윤회라고 한다. 매찰나 전개되는 오온의 생멸이 내생으로 찰나생 찰나멸하며 흐르는 것이 윤회인 것이다.

윤회의 원인은 갈애와 무명이다. 그래서 부처님께서는 갈애를 '재생

을 하게 하는 것ponobhāvikā'이라고 정의하셨고, 12연기에서는 무명을
윤회의 근본원인이라고 말씀하셨다. 갈애와 무명이 있는 한 윤회의 흐
름은 계속된다. 물론 아라한은 이러한 다시 태어남, 즉 재생과 윤회가
없다. 그러나 아라한을 제외한 모든 존재들의 윤회는 당연한 것으로 초
기경전 도처에 설해져 있다.

　윤회는 결코 방편설이 아니다. 갈애와 무명에 휩싸여 치달리고 흘러가
는 중생들의 가장 생생한 모습이다. 그러므로 불교는 윤회를 인정하지
않는다는 잘못된 주장에 현혹되어서는 안 된다. 부처님의 오도송悟道頌
으로 알려진 『법구경』의 게송도 윤회와 윤회의 종식을 명쾌하게 밝히고
있다.

　　　많은 생을 윤회하면서
　　　집 짓는 자를 찾아
　　　나는 부질없이 치달려 왔다.

　　　집 짓는 자여, 마침내 그대는 드러났구나.
　　　그대 다시는 집을 짓지 못하고
　　　집의 서까래는 해체되었도다.
　　　이제 마음은 업형성을 멈추었고
　　　갈애의 부서짐을 성취하였다.

　　　　　　　　　　　　　　　　　　　　『법구경』(Dhp.153~154)

" 불교에서의 윤회는

서로서로 조건 지어져서 생멸변천하는

일체 유위법의 연기적 흐름을 뜻한다.

이는 곧 연기적 흐름,

혹은 '무아의 윤회'라고 할 수 있다. "

■ 부록1 오온

오온 pañca-khandha 五蘊			
물질 rūpa 色	정신 nāma 名		
	마음부수 cetasikā 心所		마음 citta 心
	느낌 vedanā 受	인식 saññā 想	심리현상들 saṅkhārā 行	알음알이 viññāṇa 識

■ 부록2 상좌부의 4위 82법

일체법 sabbe dhammā 一切法, 諸法			
유위법 saṅkhara-dhammā 有爲法			무위법 asaṅkhara-dhamma 無爲法
(1) 마음 citta 心	(2) 마음부수 cetasikā 心所	(3) 물질 rūpa 色	(4) 열반 nibbāna 涅槃
1가지	52가지 ① 다른 것과 같아지는 마음부수 (13가지) ② 해로운 마음부수 (14가지) ③ 아름다운 마음부수 (25가지)	28가지 ① 구체적 물질 (18가지) ② 추상적 물질 (10가지) *추상적 물질 10가지를 제외한 72가지가 구경법	1가지
알음알이 viññāṇa 識	느낌 vedanā 受 인식 saññā 想 심리현상들 saṅkhārā 行	물질 rūpa 色	

■ 부록3 물질 28가지

<table>
<tr>
<td rowspan="28">물질
28
가지</td>
<td rowspan="18">구체적 물질
nipphanna-rūpa
18가지</td>
<td rowspan="4">근본물질
bhūta-rūpa</td>
<td>1</td>
<td>땅의 요소 paṭhavī-dhātu 地界</td>
<td rowspan="4">근본
물질</td>
</tr>
<tr><td>2</td><td>물의 요소 āpo-dhātu 水界</td></tr>
<tr><td>3</td><td>불의 요소 tejo-dhātu 火界</td></tr>
<tr><td>4</td><td>바람의 요소 vāyo-dhātu 風界</td></tr>
<tr>
<td rowspan="5">감성의 물질
pasāda-rūpa</td>
<td>5</td>
<td>눈의 감성 cakkhu-pasāda</td>
<td rowspan="14">파생
물질</td>
</tr>
<tr><td>6</td><td>귀의 감성 sota-pasāda</td></tr>
<tr><td>7</td><td>코의 감성 ghāna-pasāda</td></tr>
<tr><td>8</td><td>혀의 감성 jivhā-pasāda</td></tr>
<tr><td>9</td><td>몸의 감성 kāya-pasāda</td></tr>
<tr>
<td rowspan="5">대상의 물질
gacara-rūpa</td>
<td>10</td>
<td>형색 rūpa 色</td>
</tr>
<tr><td>11</td><td>소리 sadda 聲</td></tr>
<tr><td>12</td><td>냄새 gandha 香</td></tr>
<tr><td>13</td><td>맛 rasa 味</td></tr>
<tr><td></td><td>감촉은 4大 가운데 땅, 불, 바람의
요소이므로 대상의 물질에서는 제외됨</td></tr>
<tr>
<td rowspan="2">성의 물질
bhāva-rūpa</td>
<td>14</td>
<td>여성 itthibhāva 혹은 itthaiia</td>
</tr>
<tr><td>15</td><td>남성 pumbhāva, 혹은 purisatta</td></tr>
<tr>
<td>심장의 물질
hadaya-rūpa</td>
<td>16</td>
<td>심장토대 hadaya-vatthu</td>
</tr>
<tr>
<td>생명의 물질
jīvita-rūpa</td>
<td>17</td>
<td>생명기능 jīvitindriya, 命根</td>
</tr>
<tr>
<td>음식의 물질
āhāra-rūpa</td>
<td>18</td>
<td>영양소 ojā</td>
</tr>
<tr>
<td rowspan="10">추상적 물질
anipphanna-rūpa
10가지</td>
<td>제한
pariccheda-rūpa</td>
<td>19</td>
<td>허공의 요소 ākāsa-dhātu 空界</td>
</tr>
<tr>
<td rowspan="2">암시
viññatti-rūpa</td>
<td>20</td>
<td>몸의 암시 kāya-viññatti</td>
</tr>
<tr><td>21</td><td>말의 암시 vacī-viññatti</td></tr>
<tr>
<td rowspan="3">변화
vikāra-rūpa</td>
<td>22</td>
<td>물질의 가벼움 rūpassa lahutā</td>
</tr>
<tr><td>23</td><td>물질의 부드러움 rūpassa mudutā</td></tr>
<tr><td>24</td><td>물질의 적합함 rūpassa kammaññatā</td></tr>
<tr>
<td rowspan="4">특징
lakkhaṇa-rūpa</td>
<td>25</td>
<td>생성 upacaya 成</td>
</tr>
<tr><td>26</td><td>상속 santati 住</td></tr>
<tr><td>27</td><td>쇠퇴 jaratā 壞</td></tr>
<tr><td>28</td><td>무상함 aniccatā 空</td></tr>
</table>

■ 부록4 상좌부의 89가지 / 121가지 마음

		해로운 마음 12	유익한 마음 21	과보로 나타난 마음 36	원인	재생 19	등록 11	작용만 하는 마음 20
				무기 마음 56				
세간의 마음	**욕계 54**	탐욕에 뿌리한 (8)		해로운 과보 (7)				
		(1) 기쁜,사견○,자극×		(13) 평온, 안식				
		(2) 기쁜,사견○,자극○		(14) 평온, 이식				
		(3) 기쁜,사견×,자극×		(15) 평온, 비식				
		(4) 기쁜,사견×,자극○		(16) 평온, 설식				
		(5) 평온,사견○,자극×		(17) 괴로운, 신식				
		(6) 평온,사견○,자극○		(18) 평온, 받아들이는				
		(7) 평온,사견×,자극×		(19) 평온, 조사하는		○	○	
		(8) 평온,사견×,자극○		유익한 과보 (8)				
				(20) 평온, 안식				원인없는 마음 (3)
		성냄에 뿌리한 (2)		(21) 평온, 이식				(28) 평온, 오문전향
		(9) 싫은,성냄,자극×		(22) 평온, 비식				(29) 평온, 의문전향
		(10) 싫은,성냄,자극○		(23) 평온, 설식				(30) 기쁜, 미소짓는
		어리석음에 뿌리한 (2)		(24) 즐거운, 신식				
		(11) 평온, 의심		(25) 평온, 받아들이는				
		(12) 평온, 들뜸		(26) 기쁜, 조사하는			○	
				(27) 평온, 조사하는		○	○	
			욕계 유익한 마음 (8)	욕계 유익한 과보 (8)				욕계 작용만 하는 (8)
			(31) 기쁜,지혜○,자극×	(39) 기쁜,지혜○,자극×	3	○	○	(47) 기쁜,지혜○,자극×
			(32) 기쁜,지혜○,자극○	(40) 기쁜,지혜○,자극○	3	○	○	(48) 기쁜,지혜○,자극○
			(33) 기쁜,지혜×,자극×	(41) 기쁜,지혜×,자극×	2	○	○	(49) 기쁜,지혜×,자극×
			(34) 기쁜,지혜×,자극○	(42) 기쁜,지혜×,자극○	2	○	○	(50) 기쁜,지혜×,자극○
			(35) 평온,지혜○,자극×	(43) 평온,지혜○,자극×	3	○	○	(51) 평온,지혜○,자극×
			(36) 평온,지혜○,자극○	(44) 평온,지혜○,자극○	3	○	○	(52) 평온,지혜○,자극○
			(37) 평온,지혜×,자극×	(45) 평온,지혜×,자극×	2	○	○	(53) 평온,지혜×,자극×
			(38) 평온,지혜×,자극○	(46) 평온,지혜×,자극○	2	○	○	(54) 평온,지혜×,자극○
	색계 15		(55) 초선정	(60) 초선정	3	○		(65) 초선정
			(56) 제2선정	(61) 제2선정	3	○		(66) 제2선정
			(57) 제3선정	(62) 제3선정	3	○		(67) 제3선정
			(58) 제4선정	(63) 제4선정	3	○		(68) 제4선정
			(59) 제5선정	(64) 제5선정	3	○		(69) 제5선정
	무색계 12		(70) 공무변처정	(74) 공무변처정	3	○		(78) 공무변처정
			(71) 식무변처정	(75) 식무변처정	3	○		(79) 식무변처정
			(72) 무소유처정	(76) 무소유처정	3	○		(80) 무소유처정
			(73) 비상비비상처정	(77) 비상비비상처정	3	○		(81) 비상비비상처정
출세간마음	**출세간 8**		(82) 예류도	(86) 예류과	3			
			(83) 일래도	(87) 일래과	3			
			(84) 불환도	(88) 불환과	3			
			(85) 아라한도	(89) 아라한과	3			

■ 부록 5 마음부수 52가지

다른 것과 같아지는 마음부수들 añña samāna

반드시들 7가지

(1) 감각접촉 phassa 觸

(2) 느낌 vedanā 受

(3) 인식 saññā 想

(4) 의도 cetanā 思

(5) 집중 ekaggatā 心一境

(6) 생명기능 jīvitindriya 命根

(7) 마음에 잡도리함 manasikāra 作意

때때로들 6가지

(8) 일으킨 생각 vitakka 尋

(9) 지속적 고찰 vicāra 伺

(10) 결심 adhimokkha 勝解

(11) 정진 viriya 精進

(12) 희열 pīti 喜

(13) 열의 chanda 欲

해로운 마음부수들 akusala-cetasikā

반드시들 4가지

(14) 어리석음 moha 痴

(15) 양심 없음 ahirika 無

(16) 수치심 없음 anottappa 無愧

(17) 들뜸 uddhacca 掉擧

때때로들 10가지

탐욕에 관계된 3가지

(18) 탐욕 lobha 貪

(19) 사견 diṭṭhi 邪見

(20) 자만 māna 慢

성냄에 관계된 4가지

(21) 성냄 dosa 瞋

(22) 질투 issā 嫉

(23) 인색 macchariya 慳

(24) 후회 kukkucca 惡作

해태에 관계된 2가지

(25) 해태 thīna 懈怠

(26) 혼침 middha 昏沈

의심 1가지

(27) 의심 vicikicchā 疑

아름다운 마음부수들 sobhana-cetasikā

반드시들 19가지

(28) 믿음 saddhā 信

(29) 마음챙김 sati 念

(30) 양심 hirī 慚

(31) 수치심 ottappa 愧

(32) 탐욕없음 alobha 不貪

(33) 성냄없음 adosa 不瞋

(34) 중립 tatramajjhattatā 中立

(35) 몸의 경안 kāya passaddhi

(36) 마음의 경안 citta passaddhi

(37) 몸의 가벼움 kāya lahutā

(38) 마음의 가벼움 citta lahutā

(39) 몸의 부드러움 kāya mudutā

(40) 마음의 부드러움 citta mudutā

(41) 몸의 적합함 kāya kammaññatā 適業性

(42) 마음의 적합함 citta kammaññatā

(43) 몸의 능숙함 kāya pāguññatā 練達性

(44) 마음의 능숙함 citta pāguññatā

(45) 몸의 올곧음 kāya ujukatā 正直性

(46) 마음의 올곧음 citta ujukatā

반드시들 6가지

절제 virati 節制 3가지

(47) 바른 말 sammā vācā 正語

(48) 바른 행위 sammā kammanta 正業

(49) 바른 생계 sammā ājīva 正命

무량 appamaññā 無量 2가지

(50) 연민 karuṇā 悲

(51) 같이 기뻐함 muditā 喜

어리석음없음 amoha 不痴 1가지

(52) 통찰지의 기능 paññindriya 慧根

■ 부록6 연기

삼 세	12각지	20형태 및 4무리
과거생	1. 무명 無明 2. 의도적 행위들 行	다섯 과거의 원인: 1, 2, 8, 9, 10
현재생	3. 알음알이 識 4. 정신·물질 名色 5. 여섯 감각장소 六入 6. 감각접촉 觸 7. 느낌 受	다섯 현재의 결과: 3, 4, 5, 6, 7
	8. 갈애 愛 9. 취착 取 10. 존재 有	다섯 현재의 원인: 8, 9, 10, 1, 2
미래생	11. 태어남 生 12. 늙음·죽음 老死	다섯 미래의 결과: 3, 4, 5, 6, 7

세 가지 연결

1. 과거의 원인과 현재의 결과(行과 識 사이)

2. 현재의 결과와 현재의 원인(受와 愛 사이)

3. 현재의 원인과 미래의 결과(有와 生 사이)

세 가지 회전

1. 오염원들의 회전(1.無明, 8.愛, 9.取)

2. 업의 회전(2.行, 10.有 일부)

3. 과보의 회전(3.識에서 7.受까지, 10.有 일부, 11.生, 12.老死 등)

두 가지 원인

1. 無明: 과거에서 현재로

2. 愛: 현재에서 미래로

■ 부록7 칠청정과 위빳사나 지혜

칠청정 七淸淨	위빳사나 지혜
1. 계청정 戒淸淨	네 가지 청정한 계
2. 마음청정 心淸淨	근접삼매와 본삼매
3. 견청정 見淸淨	정신·물질을 구별하는 지혜
4. 의심을 극복함에 의한 청정 渡疑淸淨	조건을 파악하는 지혜
5. 도와 도 아님에 대한 지知와 견見에 의한 청정 道非道智見淸淨	1. 명상의 지혜 2. 생멸의 지혜
6. 도닦음에 대한 지와 견에 의한 청정 行道智見淸淨	2. 생멸의 지혜(성숙된 단계) 3. 무너짐의 지혜 4. 공포의 지혜 5. 위험의 지혜 6. 역겨움의 지혜 7. 해탈하기를 원하는 지혜 8. 깊이 숙고하는 지혜 9. 상카라에 대한 평온의 지혜 10. 수순하는 지혜
	종성의 지혜(*청정에 해당되지 않음)
7. 지와 견에 의한 청정 智見淸淨	도의 지혜 과의 지혜 반조의 지혜

■ 참고문헌

「간화선과 위빳사나, 무엇이 같고 다른가」 각묵 스님, 『선우도량』 제3호, 2003.

『금강경 역해』 각묵 스님, 불광사 출판부, 2001, 8쇄 2014.

『네 가지 마음챙기는 공부』 각묵 스님 옮김, 초기불전연구원, 2003, 개정판 4쇄 2013.

『들숨날숨에 마음챙기는 공부』 대림 스님 옮김, 초기불전연구원, 개정판 3쇄 2011.

『디가 니까야』(전3권) 각묵 스님 옮김, 초기불전연구원, 2006, 3쇄 2012.

『맛지마 니까야』(전4권) 대림 스님 옮김, 초기불전연구원, 2012.

『불타의 세계』 나까무라 하지메, 김지견 옮김, 김영사, 2005.

『부처님, 그분』 삐야다시 스님, 김재성 옮김, 고요한소리, 1990.

『불교개론』 마스타니 후미오, 이원섭 옮김, 현암사, 2001.

『상윳따 니까야』(전6권) 각묵 스님 옮김, 초기불전연구원, 2009, 2쇄 2014.

『아비달마 구사론』(전4권) 권오민 옮김, 동국역경원, 2002, 2쇄 2007.

『아비달마 불교』 권오민, 민족사, 2003.

『아비담마 길라잡이』(전2권) 대림 스님/각묵 스님 옮김, 초기불전연구원, 2002, 11쇄 2014.

『아함경 이야기』 마스타니 후미오, 이원섭 옮김, 1976, 22쇄 1997.

『앙굿따라 니까야』(전6권) 대림 스님 옮김, 초기불전연구원, 2006~2007, 2쇄 2013.

『염수경 - 상응부 느낌편』 대림 스님 옮김, 고요한소리, 1996.

『우파니샤드』(전2권) 이재숙 옮김, 한길사, 1996.

『율장연구』 나까무라 하지메, 박용길 옮김, 토방, 1995.

『인도불교사』(전2권) 에띠엔 라모뜨, 호진 스님 옮김, 시공사, 2006.

『印度佛教의 歷史』(전2권) 平川 彰, 이호근 옮김, 민족사, 1989, 1991.

『인도 철학사』(전4권) 라다크리슈난, 이거룡 옮김, 한길사, 1999.

『초기·부파불교의 역사』 사토우 미츠오, 권오민 옮김, 민족사, 1989.

『초기불교이해』 각묵 스님, 초기불전연구원, 2010, 4쇄 2013.

『청정도론』(전3권) 대림 스님 옮김, 초기불전연구원, 2004, 5쇄 2013.

『漢巴四部四阿含互照錄』 赤沼智善, 1929.

CBETA 電子·佛典集(CD-ROM), 中華電子·佛典協會, 台北, 2008.

■ 초기불교 용어 찾아보기

240

242

■ 저자소개

각묵 스님

　1957년 밀양 출생. 부산대학교 수학교육과 재학 중 출가하여 1979년 화엄사 도광 스님을 은사로 사미계를 수지하였고, 1982년 자운 스님을 계사로 비구계를 수지하였다. 칠 년간 제방선원에서 안거 후 빠알리 삼장을 한글로 옮기려는 원을 세우고 인도로 유학하였다. 10여 년간 산스끄리뜨어, 빠알리어, 쁘라끄리뜨어를 배웠으며, 인도 뿌나 대학교*Pune University* 산스끄리뜨어과 석사 과정과 박사 과정을 수료하였다. 현재 실상사 한주이며 초기불전연구원 지도법사 소임을 맡고 있다.

　역·저서로『금강경 역해』,『아비담마 길라잡이』(전2권) (공역),『네 가지 마음챙기는 공부』,『디가 니까야』(전3권),『상윳따 니까야』(전6권),『담마상가니』(전2권),『초기불교이해』,『니까야 강독』(전2권) 등이 있다.

　『디가 니까야』를 번역한 공로로 2006년 제3회 보현학술상,『상윳따 니까야』를 번역한 공로로 2010년 제19회 행원문화상 역경상, 대림 스님과 함께 4부 니까야를 완역한 공로로 2012년 제10회 대원상을 수상하였고, 4부 니까야를 완역한 공로로 대림 스님과 함께 2012년 대한불교조계종 총무원장 표창을 받았다.